Lydia Leipert | Rebecca Zöller

GETEILTE ARBEIT, DOPPELT DURCHSTARTEN!

Lydia Leipert | Rebecca Zöller

GETEILTE ARBEIT, DOPPELT DURCHSTARTEN!

SO FUNKTIONIERT JOBSHARING

KOMPLETTMEDIA

Bildnachweis:

Alle Grafiken von der Buch-Werkstatt GmbH, Bad Aibling

Bilder Aufmacherseiten shutterstock: S. 18/19: CRStocker; S. 26/27: noir_illustration und ouran;
S. 48/49: Dychkova Natalya; S. 84/85: Simple Line; S. 108/109: Julia Korchevska und In Art;
S. 144/145: An Vin; S. 172/173: OneLineStock.com; S. 188/189: one line star

Originalausgabe
1. Auflage 2022
Verlag Komplett-Media GmbH
2022, München
www.komplett-media.de
ISBN: 978-3-8312-0600-1
Auch als E-Book erhältlich

Lektorat: Hanne Reinhardt, Berlin
Korrektorat: Redaktionsbüro Diana Napolitano, Augsburg
Umschlaggestaltung: FAVORITBUERO, München
Coverfoto: © Julia Bradley, München
Layout & Satz: Buch-Werkstatt GmbH, Bad Aibling
Druck & Bindung: GGP Media GmbH, Pößneck

Gedruckt in Deutschland

INHALT

DIE RICHTIGE AUSRÜSTUNG:

SONNE, MEER UND BERGE:

In Gedenken an unsere erste gemeinsame Chefin
Rebecca Smit

JOBSHARING ALS SINNBILD FÜR DIE MODERNE ARBEITSWELT

EIN VORWORT VON FRÄNZI KÜHNE

Gemeinsam mit meinem ehemaligem Gründungspartner Boontham Temaismithi trete ich 2022 eine Tandemstelle in einer familiengeführten Aktiengesellschaft als CDO an. Das hat in einer Aktiengesellschaft auf Vorstandsebene absoluten Pioniercharakter. Zwar steht der Digitalbereich ohnehin für Innovation und Transformation, in Kombination mit einer Tandembesetzung wiederum, bietet das die Chance, ein echtes Zeichen für eine moderne Arbeitswelt zu setzen. Nicht zuletzt ist es mir deshalb so wichtig, mich für das Thema Jobsharing einzusetzen – und das nicht nur auf Führungsebene. Denn Jobsharing ist auf allen Ebenen die Zukunft unseres Arbeitens.

Eine Tandembesetzung hat aber nicht nur nach außen Signalwirkung, sondern auch ins Unternehmen hinein. Wenn ein Unternehmen die Strukturen für die Umsetzung von Jobsharing bietet, weiß man, ob es mit der Modernisierung wirklich ernst gemeint ist. Die vielen Vorteile liegen auf der Hand. Das fängt im Kleinen an – wie doppeltes Fachwissen in einer Position oder Vereinbarkeit von Beruf und Familie. Aber es ist vielmehr als das. Im Grunde bietet Jobsharing einen zukunftsfähigen Thinktank, der stets unterschiedliche Perspektiven und Meinungen mit einbezieht. So können bessere und reflektiertere Entscheidungen getroffen werden. Diversität ist das Wort der Stunde – sei es durch Geschlechter- oder Generationendiversität.

Aktuell steht das Jobsharing noch am Anfang. Deshalb ist es umso wichtiger, dass wir Vorbilder haben, die den Traum vom gemeinsamen Arbeiten bereits verwirklicht haben. Ein wichtiger Punkt ist hier die Sichtbarkeit erfolgreicher Tandems, die sowohl bei Arbeitnehmern als auch bei Arbeitgebern Begehrlichkeiten wecken, das auch im eigenen Unternehmen umzusetzen. Deshalb halte ich das Buch von Lydia Leipert und Rebecca Zöller für ebenso wichtig wie notwendig. Voller Leidenschaft erzählen die beiden, wie sie es geschafft haben, zusammen Karriere zu machen. Sie teilen ein gemeinsames Wertegerüst und eine gemeinsame Vorstellung von der Rolle, die sie vertreten. So funktionieren Absprachen ohne Effizienzverlust. Ein Reichtum für jeden Arbeitgeber. Und ein Vorbild für jeden Arbeitnehmer.

Eure

Fränzi Kühne

AUFBRECHEN: EIN VORWORT DER AUTORINNEN

CIAO, BELLA! CIAO, BELLA! ODER: WARUM ITALIEN DER BEGINN UNSERER GEMEINSAMEN REISE ALS TANDEM WAR

Schon wieder ein Heulen. Ich verdrehe meinen Oberkörper, um meiner kleinen Tochter Hirsebällchen auf die Rückbank zu reichen. Eigentlich könnte ich so völlig verknotet auf dem Beifahrersitz bleiben, denn dauernd will sie was, und sei es nur, meine Hand zu halten. Der Rücken tut mir weh. »Kannst du mal 'ne andere CD rein machen? Die mit dem Kasperl?«, ruft mein Sohn von hinten, während mein Mann auf die italienische Autobahn vor uns schaut. »Superurlaub« haben wir die sechswöchige Reise durch Apulien getauft, nun sind wir auf dem Rückweg. Und klar hatte ich mich vor allem Cappuccino trinkend am Meer gesehen. Das Stresslevel jetzt im Auto passt nicht ganz zu dieser Idee: »Buaaaaaaahhhhh«, kommt es wieder von meiner Tochter. Auweia. Jetzt richtig mit Tränen. Da klingelt auch noch das

Telefon. »Seid doch bitte kurz leise«, sage ich und gehe ran. Meine Ex-Kollegin Rebecca fragt, wie es uns geht und rückt dann schnell raus mit der Sprache: »Du, hör zu, ich soll diese Stelle übernehmen. Eine tolle Aufgabe, quasi die Stelle unserer alten Chefin, aber 100 Prozent. Das schaffe und will ich aber nicht. Wollen wir uns die Stelle teilen?«

Niemals hätte ich geglaubt, dass ein Anruf auf der Autobahn zwischen Bologna und Venedig mein Leben für immer verändern würde. Ich weiß noch, dass ich mit der Antwort gezögert und mir erst mal Bedenkzeit bei Rebecca erbeten habe. Eigentlich plante ich, nach meiner Elternzeit ein interessantes Digitalprojekt zu begleiten. Und wie sollte so eine gemeinsame Stelle eigentlich aussehen?

Knapp fünf Jahre später bin ich sehr froh, dass ich mich schnell für ein Tandem mit Rebecca entschieden habe. Ich durfte nicht nur sehr viel über das Arbeiten (sowohl allein als auch im Team), sondern auch über mich lernen. Wie dankbar ich über diese Chance bin, kann ich gar nicht sagen.

Lydia, Dezember 2021

Dieser Anruf war für uns der Beginn einer gemeinsamen Reise. Einer Reise, die wir für so spannend, vielseitig und aufregend halten, dass wir möglichst vielen Menschen die Chance geben möchten, sie auch zu wagen. Also, nix wie Koffer packen, und los geht es auf unserem Roadtrip Richtung Jobsharing. Denn zwar hat es bei uns gut funktioniert, das Loslegen ohne eigentlich genau zu wissen, was wir tun. Aber vielleicht kann die eine oder andere von diesem Reiseführer gen New Work profitieren. Wir freuen uns auf jeden Fall, wenn jede – wie man es ja bei einer normalen Urlaubsfahrt auch tut – sich genau überlegt, wo sie denn eigentlich hinmöchte: Ob ins Adults-Only Boutique Hotel im österreichischen Bergland oder auf den Campingplatz an der italienischen Küste. Was will ich mit meiner Arbeits- und meiner Lebenszeit – die ja nun mal beide begrenzt sind – anfangen? Unser Buch soll Inspiration sein für alle, die ihr Leben aktiv gestalten und den Dingen, die ihnen wirklich wichtig sind, genug Zeit einräumen wollen.

Wir denken dabei nicht nur an Frauen. Denn natürlich übernehmen Frauen immer noch die meiste Care-Arbeit, und der Wunsch nach Teilzeit ist vor allem von weiblicher Seite stark. Aber Jobsharing ist viel mehr als nur ein temporäres Modell für Mütter, deren Kinder ja auch irgendwann größer werden. Jobsharing ist in so vielerlei Hinsicht eine Bereicherung, dass wir so weit gehen zu sagen, unsere Gesellschaft wäre besser, wenn viel mehr Menschen sich eine Stelle teilen würden. Wenn Menschen nicht überfordert, überlastet und unglücklich wären, weil ihnen für die Dinge, die ihnen wirklich am Herzen liegen, keine Zeit bleibt. Wenn Menschen davon profitierten, dass es immer mehr als eine Sicht auf die Dinge gibt. Auch das, also wie viele Vorteile Jobsharing hat, wollen wir in diesem Buch festhalten.

Wir wollen aber auch ganz konkrete Tipps geben, also davon berichten, was wir mitnehmen konnten an Prozessen, Workflows und Ideen, die das Leben als Tandem leichter machen. Denn es war tatsächlich die wohl größte Überraschung für uns, wenn wir von unseren Erfahrungen berichteten: Ob bei Meetups auf der re:publica oder Workshops der Friedrich-Ebert-Stiftung – wir haben viel positives Feedback dafür bekommen, wie sehr wir für dieses Modell brennen. Dafür, dass wir unsere

Learnings preisgeben und wir andere inspirieren. Da war etwa diese Frau, die nach einem Vortrag zu uns kam und meinte, dass sie lange überlegt hatte, bei ihrer Personalabteilung das Konzept einzuführen, sich aber jetzt endlich trauen würde. Diese Rückmeldungen haben uns so viel gegeben, dass wir irgendwann wussten: Wir müssen unsere Tipps auch in einer anderen Form festhalten, eben als Reiseführer.

Der Weg zum »Reiseführer Jobsharing« war für uns auch schon fast eine eigene Reise. Denn wir haben schon wirklich viel zusammen gemacht und geteilt: schreckliche Sitzungen, nach denen wir nur noch schimpfen konnten; tolle Erfolge unserer beruflichen Social-Media-Accounts oder richtig gelungene Aktionen mit unserem Team – und auch gemeinsame Urlaube mit unseren Familien an der italienischen Riviera. Aber ein Buch? Selbst mehr als 240 000 Zeichen zu schreiben haben wir nun zusammen hinbekommen und finden, dass sich auch hier das anfängliche Zurechtruckeln gelohnt hat. Wie haben wir das gemacht? Wir haben uns zunächst um eine Gliederung bemüht, um dann die Kapitel aufzuteilen (wer errät, welches Kapitel von wem stammt, kann sich ne Flasche Sekt bei uns abholen!). Und witzigerweise begegnen einem auch hier viele Fragen, auf die wir zunächst keine Antwort wussten: Wie ernst muss man eigentlich bei einem Sachbuch sein? (Wir hoffen, nicht zu ernst.) Wie wichtig ist es, dass man beim Gendern eine harte Linie fährt? (Auch hier hoffen wir auf die Nachsicht der Leserinnen, weil wir uns für eine eher ungewöhnliche Form des Freestyle-Genderns – mal so mal so – entschieden haben. Das hat nichts mit Faulheit oder Unentschlossenheit zu tun. Generell macht Gendern für uns dann Sinn, wenn dadurch kleine Stolpersteine in der Sprache entstehen. Und wenn die immer gleich aussehen, dann stolpert man vielleicht schnell gar nicht mehr! Außerdem gilt für uns beim Gendern wie beim Jobsharing: Einfach machen.)

Doch genug des Vorworts. Bitte den Sicherheitsgurt anlegen, die Reise geht los!

MACH DICH
AUF DIE REISE

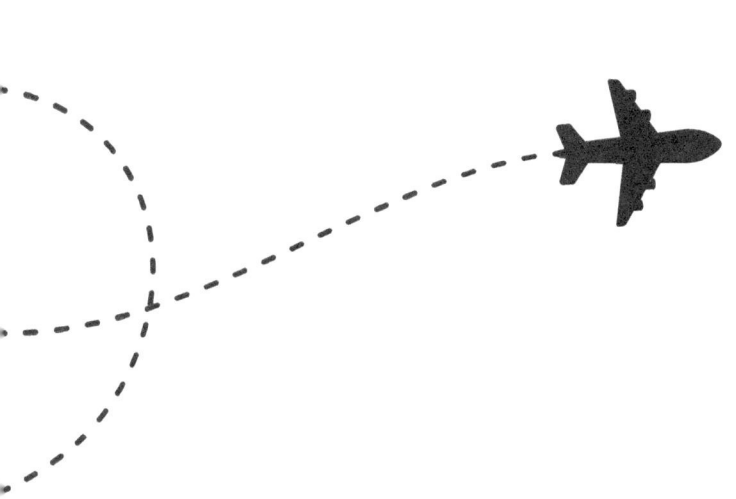

THIS IS NOT A COACHING BUCH

Keine Sorge, dieses Buch ist kein Coaching-Buch: Wir machen hier keine Achtsamkeitsübungen, und hässliche Kindheitserlebnisse werden auch nicht ausgegraben. Wozu wir allerdings dank unserer Job-Erfahrungen der letzten Jahre ermutigen wollen ist, sich tatsächlich Gedanken über die eigenen beruflichen Handlungsspielräume zu machen und sie zu nutzen. Wir müssen die Chance ergreifen, unseren Beruf so zu formen, dass er zum Leben passt und nicht umgekehrt.

INFO

ZAHLEN DAZU ZU BEKOMMEN, WIE VIELE MENSCHEN SICH AKTUELL IN DEUTSCHLAND EINE STELLE TEILEN, IST ENORM SCHWER BIS UNMÖGLICH. ABER WIR KÖNNEN FESTHALTEN, DASS BEI GETEILTER ARBEIT AUF JEDEN FALL NOCH LUFT NACH OBEN IST: ZWAR STEIGT DER ANTEIL DER DEUTSCHEN UNTERNEHMEN, DIE JOBSHARING ANBIETEN, LEICHT – VON 2015 AUF 2018 VON RUND 14 AUF 17 PROZENT[1] – ABER WIE STARK DAS IN DEN EINZELNEN UNTERNEHMEN AUCH UMGESETZT WIRD, IST SCHWER FASSBAR.

Bevor wir dazu kommen, uns genauere Definitionen von Jobsharing anzuschauen, wollen wir erst mal mit dem Finger über den Arbeits-Globus fahren und Jobsharing richtig verorten: Nämlich auf dem Kontinent New Work. Kaum ein Bereich ist so voller Buzzwords und fühlt sich so fremd an für die klassisch Arbeitenden hinter dem Schreibtisch.

Deshalb wollen wir auf den nächsten Seiten zunächst Reise-lust wecken und zwar mit Moritz Gekeler. Er ist freiberuflicher »New-Work-Facilitator«, also eine Art Reiseführer, der alle Sehenswürdigkeiten auf dem neuen Kontinent kennt. Moritz ist zusammen mit Bernadette Büsgen und Susanne Schlucke-bier Gründer der Transformationsberatung mermaid & broccoli GmbH. Die drei haben sich darauf spezialisiert, gemeinsam mit ihren Kunden Zukunftsmodelle für Individuen, Teams und ganze Organisationen zu gestalten. Moritz ist Design-Thinking-Experte und leitet die Prozesse, in denen unterschiedliche Menschen zu-sammen innovative Ideen entwickeln. So arbeitet Moritz mit seinen Kunden an neuen Produkten und Dienstleistungen oder malt sich aus, wie sie in Zukunft noch besser zusammenarbeiten könnten. In seine Workshops geht er übrigens auch grundsätz-lich immer mit einer seiner Mitgründerinnen – #Jobsharing 😊

Moritz glaubt, dass man vor allem die richtige Einstellung braucht: Also sich zuzugestehen, dass man es selber in der Hand hat, sein Leben zu designen. Sein zentraler Spruch: »Be a player, not a vic-tim.«

INTERVIEW

MORITZ GEKELER:
»BE A PLAYER NOT A VICTIM«

Du arbeitest ja viel mit Design-Thinking, also einer innovativen Methode für die Lösung von komplexen Problemen und die Entwicklung neuer Ideen. Kann man auch das eigene Leben »designen«?

Man kann nicht nur, man sollte unbedingt. (lacht) In meiner Wahrnehmung ist es so, dass, gerade was die Kombination von Familienplanung und Berufsleben betrifft, vieles einfach so vonstattengeht, ohne wirklich bewusste Entscheidungen. Es passiert oft, weil es passiert. Es ist sehr selten ein wirklich durchdachtes Konzept. Eine Entscheidung, bei der zum Beispiel Mann und Frau auf Augenhöhe sagen, wir machen das so oder so. Menschen sind meist in einer Pfadabhängigkeit, in einer Maschine drin, aus der sie nicht so leicht rauskommen. Der Klassiker, den ich nach wie vor oft im Freundeskreis erlebe, ist: Frau wird schwanger, Partner (meist männlich) sagt, ich gehe maximal zwei Monate in Elternzeit, mehr geht auf gar keinen Fall.

Warum ist das so? Warum der Pfad?

Unsere Generation hat etwas vorgelebt bekommen, das tief verankert ist. Jetzt braucht es aber endlich neue Vorbilder. Männer haben – das ist historisch gewachsen – weniger Druck zu gestalten. Sie sind zum Beispiel weniger dazu aufgefordert, Care-Arbeit zu übernehmen und sehen so weniger die Notwendigkeit, ihr Privatleben anzupassen. Unsere gesellschaftlich zementierten

Lebensmodelle sehen in den Männern nach wie vor den Vollzeit-Worker. Wir brauchen eine grundgesellschaftliche Veränderung, zum Beispiel fluide Kinderbetreuung, das ist unerlässlich dafür, dass solche Arbeitsmodelle wie Jobsharing selbstverständlich werden.

Wenn du selber nicht gestaltest, hast du also verloren?
Genau. Dazu gibt es auch ein sehr schönes Modell: Führungskräfte-Coach und Bestseller-Autor Fred Kofmann spricht vom »Victim-« bzw. dem »Player-Mindset«. Wenn du dich selbst als Victim siehst, schaust du auf die Welt und denkst: »Oh, was passiert hier denn? Ich bin dem allen hilflos ausgeliefert.« Oder du bist eben der Player, und du gestaltest selber. Ich bin der/die Chef:in über mein Leben, meiner selbst. Das drückt sich dann in allen Handlungen aus und hat wahnsinnig starken Einfluss auf das gesamte Leben. In meinen Coachings ist es mir ganz wichtig, meinen Klient:innen zu helfen, ihren persönlichen Handlungsspielraum zu erkennen und auch zu vergrößern.

Du hast dich viel mit Zukunftsszenarien beschäftigt, siehst du denn einen Trend, dass wir zukünftig anders arbeiten?
Ja. Ich glaube, dass viele Trends eine Rolle spielen werden aus dem Bereich New Work: hybride Arbeit, Remote-Arbeit, dass man nicht vor Ort sein muss, so wie ich gerade in Italien sitze und mit deutschen Kunden zusammenarbeite. Ich sehe das auch in den Arbeitszeitmodellen bei innovativeren Firmen. Viele haben bereits die Idee, weniger zu arbeiten oder anders; also nicht mehr fünf Tage die Woche, zehn Stunden am Tag. Viele machen einfach vier Tage die Woche, für alle Mitarbeiter. Bei uns ist freitags auch frei. Meistens! (lacht) Ich kann mir eine Zukunft vorstellen, wo alles aufgeweichter und flexibler ist. Die Idee »Ich schaff' 25 Jahre beim Daimler« hat

für viele ihre Attraktivität verloren. Viele Jüngeren haben gar keinen Bock mehr auf NUR eine Firma, 40 Stunden die Woche – und das bis zur Rente, was ja früher schon eher das Ziel war. Es kommt zur Ausdifferenzierung.

Also dazu passt ja Jobsharing dann wie die Faust aufs Auge, oder?
Absolut. Es hat ganz klar Vorteile: Durch Jobsharing hat man Zeit, die man für anderes nutzen kann. Vielleicht für Familie und Kinder, oder etwas anderes – ich habe zum Beispiel keine Kinder. Aber die Möglichkeit zu haben, den Kopf nicht nur in diesem einen Job und Thema drin zu haben, ist doch sehr von Vorteil. Meine Mitgründerinnen und ich haben »nebenher« immer auch andere Projekte. Meine Arbeit mit großen Konzernen wird z.B. immer wieder inspiriert von Projekten, die ich mit NGOs, Stiftungen, kleinen Start-ups oder ganz für mich persönlich mache. Und umgekehrt!

Du holst dir also Inspiration aus anderen Bereichen?
Ja, ich blicke über den Tellerrand hinaus, weil ich nicht jeden Tag nine-to-five in EINER Denkwelt drin bin, sondern auch was anderes habe. Das bringt mehr Lebensqualität. Nicht nur der professionelle Mensch sein. Nicht »Ich lebe nur für die Arbeit«, wie es unsere Eltern, besonders die Väter, oft hatten. Das ist auch ökonomisch sinnvoll.

Inwiefern ökonomisch?
Ich glaube, Menschen, die kreativ sein wollen, brauchen auch anderen Input. Die müssen mal ins Museum oder Theater gehen, was anderes erleben, andere Menschen kennenlernen, andere Denkweisen betrachten. Finanziell ist das schwer zu bemessen, aber ich bin davon überzeugt, dass Menschen, die diese Möglichkeit haben,

sich dann in DER Zeit, in der sie sich intensiv für das Unternehmen engagieren, mehr leisten können. Und – was mir ehrlich gesagt noch wichtiger ist – ein erfüllteres Leben führen.

Wenn es ein Trend ist, sein Leben stärker zu gestalten, zum Beispiel durch Jobsharing, welche Trends gibt es noch?

Mehr auf Vertrauen und Kommunikation zu setzen kann man jetzt schon als Trend im New-Work-Bereich sehen. Es hat sehr viel damit zu tun, dass man mehr Transparenz schafft, mehr auf den sogenannten Purpose achtet: Die berühmte »Warum mache ich diesen Job?«-Frage.

Als Beispiel: Ich arbeite gerade mit einem großen Chemiekonzern zusammen. Konkret: mit der Finanzabteilung. Die überlegen sich selten, was ist unser (persönlicher) Purpose. Heute hatten wir einen Termin zum Thema »Wie arbeiten wir eigentlich zusammen?«. So etwas kommt jetzt immer häufiger vor. Früher war es ganz klar der Chef, der gesagt hast: Du machst jetzt das. Jetzt wird gefragt: Hey, wie verstehen wir uns eigentlich? Warum sind wir hier? Läuft hier alles gut? Das zahlt auf solche Faktoren wie Vertrauen ein, fordert mehr Kommunikation. Man weiß, was jeder und jede macht und versteht besser, wie die Kolleg:innen denken. Der Trend »Neue Arbeit« bringt ja auch solche Themen wie Mindfulness mit sich. Es geht immer mehr darum, sich bewusst zu machen, warum man arbeitet, was man wie tut. Und der Gedanke ist dann, sich selbst und anderen gegenüber expliziter zu werden und gegebenenfalls gestalterisch einzugreifen, wenn das Warum, das Wie und das Was nicht zusammenpassen.

Es lohnt sich, selbst zu gestalten und das Ticket Richtung New-Work-Kontinent zu lösen. Sich einfach aufzumachen auf die Reise und sich und seine Bedürfnisse auf dem Weg zu entdecken. Aber was erwartet einen eigentlich dort?

WILLKOMMEN
AUF DEM KONTINENT
NEW WORK

WAS IST EIGENTLICH DIESES NEW WORK?

Jobsharing ist eine ganz wunderbare Art,
wie wir bei Neuer Arbeit wirklich konkret in
die Umsetzung kommen.
INGA HÖLTMANN

Wenn irgendwelche Firmenchefs oder Personaler von »New Work« sprechen, kann man den Eindruck bekommen, mit New Work wäre das Arbeitsleben so, wie 365 Tage Urlaub im Jahr am Strand von Miami Beach. Bevor wir diese Weltsicht zerstören, hier die zehn flachsten Klischees kurz zusammengefasst:

DIE ZEHN FLACHSTEN NEW-WORK-KLISCHEES

- in jedem Büro steht ein Tischkicker
- Surfen gehen in der Mittagspause ist Standard
- alle arbeiten nur 50 Prozent
- mittags isst jeder eine Veggie-Bowl
- jeder hüpft ins Bällebad vor dem ersten Call
- Awareness-Stunde in der Mittagspause mit Yogalehrer muss schon sein
- die Männer tragen Holzfällerhemden und Vollbart
- steht Cola statt Bionade im Kühlschrank, kommt es zum spontanen Mitarbeiteraufstand
- jeder hat einen privaten Coach
- Wohnen: mindestens in einer WG in Berlin Kreuzberg

So verlockend das alles klingt, auch für New-Work-Menschen gibt es nervige Kollegen, Deadlines und je nach Alter des Nachwuchses volle Windeln oder Hausaufgaben mit dem Grundschüler. Trotzdem, die Suche nach dem Kontinent des »New Work« lohnt sich, und das Leben dort mitzugestalten erst recht. Italien, der wichtige Startpunkt und Sehnsuchtsort unserer Reise, entstand ja auch mit der Verschiebung der Erdplatten und sah vor 250 000 Millionen Jahren noch nicht so schön aus wie heute. Jobsharing ist ein Teil von New Work, und um uns der Inselgruppe der Jobsharenden zu nähern, müssen wir erst mal auf dem New-Work-Kontinent ankommen.

Inga Höltmann, Journalistin und Transformationsberaterin, fährt mit ganzen Unternehmen ins Arbeits-Ausland. Sie sagt: »New Work bedeutet, sich mit der gesamten Führung und der ganzen Organisation auf eine Reise zu begeben. Das kann damit beginnen, dass wir uns Gedanken machen, wie wir die Führungskraft in ihrer Position entlasten können, und bis hin zur Holokratie gehen, wo es gar keine hierarchischen Führungspositionen mehr gibt und Führung in den Teams selbst stattfindet.«

Entwicklungen in der Arbeitswelt sind ein Prozess, doch manchmal gibt es Zäsuren, bei denen besonders aktiv darüber nachgedacht wird, was sich ändern muss – so wie im 18. Jahrhundert westliche Forscher plötzlich überzeugt waren, es müsse einfach einen weiteren Kontinent im Süden geben, nämlich Australien, und sich auf die Suche machten. In der Arbeitswelt war es in den achtziger Jahren des 20. Jahrhunderts – damals noch in Abgrenzung zum Sozialismus – der Sozialphilosoph Frithjof Bergmann, der darüber nachdachte, mehr »Handlungsfreiheit« in die Arbeitswelt zu bringen. Dafür schlug er den Begriff »New Work«

vor. Die Schlagworte: »Selbstständigkeit, Freiheit und Teilhabe an der Gemeinschaft. Arbeit, die man wirklich will.«[2]

New Work war für uns immer das, was wir suchten, ohne zu wissen, was wir suchten. Alles, was wir wussten, war, dass wir Lust hatten auf eine Welt, in der das Arbeiten zu unseren privaten Plänen und zur digitalen Entwicklung passt. Wir haben eine lange Erfahrungsreise auf uns genommen, um diesen neuen Erdteil des »New Work« zu erreichen. Dass wir einmal den Namen Lydecca tragen würden, konnten wir zu Beginn der Reise noch nicht ahnen.

ALLES AUF ANFANG

»Lydecca« wurde ja eigentlich aus einem großen Zufall heraus geboren.

Rebecca: Die Position, die wir heute zu zweit ausfüllen, war vakant geworden, und mein damaliger Vorgesetzter fragte mich, ob ich mir nicht vorstellen könnte, sie zu übernehmen. Ich freute mich sehr, eine Teamlead-Aufgabe war schließlich so knapp nach der Elternzeit eine große Chance für mich. Aber mir war sofort klar: Eine 100-Prozent-Stelle, das schaffe ich gerade einfach nicht. Zwei Kleinkinder und ein Mann, der voll arbeitet, sind dafür eine denkbar schlechte Ausgangssituation, zumal ich ja auch möglichst viel Zeit mit den wirklich noch kleinen Kindern verbringen wollte. Dazu kam, dass die Stelle mit vielfältigen Kompetenzanforderungen verbunden war. Mein sofortiges Zweifeln (»Wie soll ich das denn hinkriegen?«) und der gleichzeitige Enthusiasmus in mir (»Oh Gott, megageil!«) lösten den spontanen

Geistesblitz aus, Lydia ins Boot zu holen – sie könnte das doch mit mir zusammen machen. IRGENDWIE. Sie wäre GENAU die Richtige! Mein Chef war sehr offen, und ich bot an, sie so schnell wie möglich zu kontaktieren.

Warum wir das an dieser Stelle erzählen?

Erstens: Weil es eine so schöne Erinnerung ist.

Zweitens: Weil die Voraussetzung für Jobsharing eben eine große Offenheit ist, Offenheit gegenüber »Neuem Arbeiten«.

Und der **dritte** Grund: Weil wir weg müssen vom IRGENDWIE. Jobsharing darf kein Zufall sein, es muss ein Modell werden, auf das alle zugreifen können. An dieser Stelle natürlich ein Toast auf unseren Arbeitgeber, den Bayerischen Rundfunk: Zwar wurde »Lydecca« aus der Not geboren, aber sobald wir uns unserer Rollen bewusst waren und das auch aktiv artikuliert haben, wurden wir total unterstützt.

OPEN YOUR MIND

Es war, wie es oft ist auf Reisen: Der Entschluss, dass es nun in die Ferne gehen sollte, war da, aber – hoppla – gibt es da eigentlich irgendwelche Einreisebestimmungen? Brauchen wir eine Gelbfieberimpfung oder Visa, und sprechen die da überhaupt unsere Sprache? Kurzum: Wir wussten, als wir 2016 gemeinsam in den Job starteten, NICHTS von Jobsharing. Wir wussten nicht mal, dass man das, was wir machen, so nennt.

Eigentlich haben wir uns irgendwie über die Grenze geschmuggelt und viel Glück gehabt, dass uns keine Polizeikontrolle rausgezogen und unsere Papiere verlangt hat. Es gab schließlich auch keinen *Lonely Planet*, in dem wir hätten nachlesen können (»Geht nach Ankunft ins Hostel ›Da igual‹, Pedro wird euch alles erklären!«). Erst im Nachhinein haben wir festgestellt, wie schade es eigentlich ist, dass eine solche Reise noch nicht häufiger angeboten wird in den Unternehmen – gerade für junge Väter oder Mütter. Wir hatten Glück, aber wenn man in die Runde blickt, zum Beispiel in den eigenen Freundeskreis, merkt man, wie sich eigentlich alle **Mütter** die Beine ausreißen, die nach der Elternzeit in den alten Job zurückkehren, oder ohne mit der Wimper zu zucken einen weitaus schlechteren Job annehmen, nur um Kind und Arbeit auf die Reihe zu bekommen. Und die **Väter**? Die üblichen zwei Monate Elternzeit, das schaffen die Kolleg:innen ja gerade so mit dem Vertreten, und hop – wieder zurück ins alte (Arbeits-)Leben.

Rebecca: Auch ich habe nach dem ersten Kind einen weitaus schlechteren Einstieg zurück ins Unternehmen hingenommen, da ich als freie Journalistin sowieso erst mal froh war, einen Job beim Bayerischen Rundfunk zu bekommen. Vor lauter Dankbarkeit hätte ich vermutlich auch noch für viel weniger Geld gearbeitet, hätte meine damalige Chefin und Frauenförderin damals nicht einfach einen Tagessatz festgelegt, ohne mich zu fragen.

Und da sind wir auch schon beim Knackpunkt: Falsche Dankbarkeit nach dem Beginn des Familienlebens zu üben ist der falsche Weg! Wenn man Mutter wird, bringt man zwar ein Baby zur Welt, aber man verliert nicht auf einen Schlag seine Kompetenzen. Keiner sollte es nach Eintritt in die Familienphase akzeptieren, den

bis zur Geburt erarbeiteten Status aufzugeben. Hallo, Arbeitgeber: Die Anknüpfung *nach* der Elternzeit an dem Ausstiegs-
punkt *vor* dem Mutterschutz muss gewährleistet sein, ohne jemandem dafür die Füße küssen zu müssen.

Wer jetzt sagt: »Es gibt doch Teilzeit« hat recht, weil Teilzeit in
jedem Fall eine *Beschäftigung* ermöglicht. Aber, und darum geht
es uns auch in diesem Buch: Es geht nicht nur um *Beschäftigung*,
sondern um berufliches *Fortkommen*. Und halt, stopp, »Fortkommen« muss auch nicht gleich wieder heißen »Karriere trotz
Kindern«, sondern einfach, frei zu sein von der Sorge, trotz
bester Ausbildung und Berufserfahrung durch die Elternzeit
auf ein berufliches Sondergleis gestellt zu werden, das einfach
nicht dahin führt, wo andere, speziell männliche, Berufszüge hin-
fahren.

Jobsharing bietet diese Möglichkeit, Beruf und Familie, genauer:
eine anspruchsvolle Tätigkeit und Familie zu verbinden. Und zwar
nicht nur für junge Mütter. Auch für Väter. Egal, ob ich meine
Eltern pflegen muss, studiere, Leistungssportlerin bin, ob ich gerade ein Haus baue, Landwirtschaft betreibe oder sonstige zeit-
fressende Tätigkeiten liebe: Jobsharing kann das Leben wirklich
leichter, glücklicher und gerechter machen. »Drei wichtige Fa-
cetten des neuen Arbeitens sind ›Behavior, Bricks and Bytes‹,
also die Fragen, in welchen Räumen, mit welchen Werkzeugen
und in welcher Kultur wir arbeiten«, sagt Inga Höltmann, die als
»Transformationsbegleiterin« Unternehmen auf die Reise zum
New-Work-Kontinent vorbereitet und dort begleitet. Inga finden wir auch deshalb so spannend, weil sie sich selbst ebenfalls
auf eine Reise begeben hat von der ausgebildeten Journalistin
und studierten Sprachwissenschaftlerin zur Expertin für Neue

Arbeit und Neues Lernen. Weil sie so vieles erlebt hat, viele kluge Dinge zum neuen Arbeiten sagt und hier auch Jobsharing in den Rahmen des New Work einordnen kann, hier das Interview mit Inga.

INTERVIEW

INGA HÖLTMANN: »WIE NEW WORK IN DIE KÖPFE UND UNTER-NEHMEN KOMMEN MUSS«

Was genau braucht es für New Work?
Zuerst braucht es Haltung. Schon die Entscheidung: »Ich möchte etwas ändern« und für die Veränderung Raum zu schaffen, ist ein wichtiger großer Schritt. Werte wie Augenhöhe, Aufrichtigkeit und Wertschätzung sind eng verknüpft mit dieser Haltung – und wenn man mit dieser Einstellung in Prozesse geht, dann kommen die Tools ins Spiel, und die werden nur in Verknüpfung mit dieser Haltung Wirkung entfalten. Da kann man in einen bunten Werkzeugkoffer greifen, in dem Dinge wie »Jobsharing«, »Coaching«, »Kommunikationsformate«, »Workshops«, »Kollegiale Beratung« oder »neue IT-Lösungen« drinliegen.

Wichtig ist auch der Lackmustest: Irgendwas wird erarbeitet, aber was passiert damit? Wie ehrlich war das? Ist die Veränderung nachhaltig? Die Prozesse müssen eingebettet sein in einen Werterahmen und sollen nachhaltig sein, sonst gibt es keinen Kulturwandel.

Stichwort Kulturwandel: Wie bringe ich den ins Unternehmen? Kann ich als einzelne Person so überhaupt New Work ins Unternehmen bringen?

Natürlich ist es immer gut, ein Mandat zu haben oder Budget, aber ganz oft gibt es das nicht, und es gibt trotzdem Leute, die gehen voran und fragen: »Was kann ich denn tun, in dem Raum, wo ich wirke? Wie kann ich größeren Raum erobern?« Und die können auch etwas verändern. Natürlich darf man nicht zu viel Last auf deren Schultern laden, so nach dem Motto: »Ihr seid jetzt die Speerspitze der Veränderung!«, aber ja – natürlich passiert mit den anderen auch was. Es entstehen kleine Impulse und Irritationen, die in die Organisation kommen, die wertvoll sind, die zu etwas anderem führen können.

Ist das ein Guerilla-Krieg, unten gegen oben?

Früher war Veränderung Sache der Führungskräfte, also Veränderung wurde von oben angestoßen. Dann kamen Graswurzel-Initiativen, also Veränderungen von »unten«, aus der Mitarbeiter:innenschaft – und ich glaube, die Wahrheit liegt irgendwo dazwischen. Man braucht zwar schon Verbündete von oben, aber auch ein Verständnis in der Breite. Und eine gewisse Lust auf Veränderung muss spürbar sein. So entsteht an verschiedenen Punkten innerhalb der Organisation etwas, und das wächst dann zusammen.

Und was passiert, wenn man die Hände in den Schoß legt? Kommt New Work nicht eh?

Wir sind mit Sicherheit noch nicht an einem Punkt, an dem man sagen kann, Neue Arbeit kommt eh. Das muss man konkret verfolgen. Wenn Impulse kommen, dann sollte man die aufgreifen und bewusst Nährböden schaffen. Ideen und Bewegungen im

Unternehmen brauchen Unterstützung und Budget. Und es braucht auch ein Commitment von oben, dass die Arbeit an New Work in einem Unternehmen Zeit kosten darf und muss. Im Tagesgeschäft fällt das sonst schnell hinten runter.

Der Satz »Das haben wir schon immer so gemacht« ist ein sicheres Rezept für den Untergang, sagst du. Wie muss der neue Satz heißen?

Ich beschäftige mich momentan viel mit dem Thema Komplexität in Unternehmen. Ich glaube, dass wir der äußeren Komplexität in einer Organisation am besten dadurch begegnen können, dass wir die innere Komplexität erhöhen.

Das klingt aber sehr … komplex?!

Ja, wir müssen uns davon verabschieden, dass »komplex« etwas Negatives im Sinne von »kompliziert« bedeutet. In unserem Zusammenhang heißt »komplex« nicht »noch mehr Mails, noch mehr Meetings«, sondern es bedeutet, der Vielschichtigkeit eines Unternehmens gerecht werden zu wollen: Innere Komplexität heißt, die Menschen über Abteilungsgrenzen hinaus in den Austausch zu bringen, genau solche Räume zu schaffen, wo sich auch Leute, die im Alltag nichts miteinander zu tun haben, begegnen können.

Also: Wie heißt der neue Satz?

Ein neuer Satz, oder die neue Frage wäre vielleicht: »Wie können wir für mehr Komplexität in der Organisation sorgen, für mehr Vielfalt und Austausch?«

Welche Rolle spielt Jobsharing bei New Work?

Wenn wir schauen, wie New Work umgesetzt werden kann, dann muss das Werkzeug »Jobsharing« auf alle Fälle in unseren

Werkzeugkasten hinein. »Teilen« ist ganz oft Neue Arbeit: Ich teile mir eine Stelle, ich teile mir Verantwortung. Jobsharing ist eine ganz wunderbare Art, wie wir bei Neuer Arbeit wirklich konkret in die Umsetzung kommen. Und wo wir uns fragen können: Was macht das mit uns? Welche Freiheiten erarbeiten sich die Jobsharer? Und wo sind sie doch noch in gewohnten Strukturen unterwegs?

Warum machen das noch nicht so viele? New Work ist ja schon auf dem Vormarsch.

Jobsharing ist nicht das, womit die Unternehmen in der Regel anfangen, wenn sie sich verändern. Eine klassische erste Maßnahme ist eher, dass die Büroräume umgebaut werden. Man macht aus kleinen Büros Großraumbüros, um schließlich bei Arbeitsinseln zu landen. Räume können wir anfassen, solche Veränderungen kann man auch gleich sehen. Ein weiteres frühes Thema ist Kommunikation: Über welche Kanäle kommunizieren wir, über das Telefon oder das Meeting hinaus. Das haben wir auch in der Pandemie sehen können, dass zum Beispiel neue Messenger- oder Cloud-Lösungen dazukamen. Zeitliche Flexibilität – Teilzeit, Gleitzeit bis hin zu Vertrauensarbeitszeit – kommt meistens erst später. Für Jobsharing braucht es im Unternehmen eine gewisse Reife und erste Erfahrungen auf diesem Weg, denn bei Jobsharing sind mehrere dieser Felder berührt.

Weil es an festen Rollenbildern rüttelt?

Ja, sich zu trauen, traditionelle Rollenverständnisse für Jobs aufzubrechen, kommt später. Jobsharing ist was fürs solide Mittelfeld von New Work – nix für Anfänger. Denn wenn das Unternehmen noch so gar nicht bereit ist für Neue Arbeit, ist es Jobsharenden kaum möglich, den Status als totale Exoten zu verlassen. Es geht ja nicht nur darum, wie das Tandem miteinander arbeitet, sondern es ist ein Reife- und Lernprozess für die gesamte Organisation damit verbunden. Die Leute in der Organisation müssen verstehen, dass es zwei Personen sind, und sie müssen gleichzeitig verstehen, dass das derselbe Job ist. Ich glaube, wenn man direkt mit Jobsharing anfangen will, dann kann man das tun, muss sich aber bewusst sein, dass die ersten Schritte durchaus schwierig sein können.

Was ist die große Bremse fürs Jobsharing?

Viele, die gerne im Tandem arbeiten würden, denken sich: »Das ist so kompliziert, das einzuführen, das geht doch sicher nicht ...« Manchmal haftet dieser Idee etwas Belastendes an. Wir müssen aber verstehen, dass wir diese Organisationsarbeit am Anfang machen müssen, damit es ins Laufen kommt – und wenn es läuft, dann läuft es besser, als wenn ich es allein machen würde.

Und wie bremsen Unternehmen?

Die Bremse ist nicht die juristische Umsetzung, das bekommt man in den Griff. Die größte Sorge, von der ich immer wieder höre, ist: »Kann das funktionieren? Das klappt doch bei uns bestimmt nicht!«, bevor man es überhaupt ausprobiert hat. Und da sind wir wieder bei Haltung und Mindset: Ich muss wollen, dass es funktioniert, nur dann kann es auch funktionieren.

Kann man als Arbeitgeber »pro New Work« und »contra Jobsharing« sein?

Ja, das denke ich durchaus. Weil New Work nicht automatisch heißt, dass es Jobsharing geben muss. Bei New Work geht es vielmehr um die leitende Frage: Wie wollen wir miteinander arbeiten? Welche Menschen arbeiten hier, und was brauchen die? Und dann muss man schauen, was zu denen passt. Ich kenne viele »new working« aufgestellte Organisationen, die auf Augenhöhe miteinander arbeiten, die aber andere Möglichkeiten gefunden haben, sich zu organisieren.

Aber es geht immer in Richtung Flexibilität, z.B. kann es ein einzelnes Tandemmodell oder gleich eine ganze Abteilung sein, in der alle Leute in ihrer Wunscharbeitszeit arbeiten. Das ist dann ein weiterer Schritt der Flexibilisierung: noch mehr Strukturen aufzulösen, noch flexiblere Arbeitszeiten für alle.

Welches Potenzial hat Jobsharing für Unternehmen?

Ich sehe Riesenpotenziale. Ich glaube, dass Jobsharing eine sehr greifbare Form ist, mehr Komplexität in eine Organisation zu bekommen. So kommen viel mehr Menschen, viel mehr Ideen, viel mehr Kreativität in eine Abteilung rein, und damit so viel mehr Potenzial, aus dem man schöpfen kann. Weil ich mehr Menschen mit unterschiedlichen Mindsets und Fähigkeiten in der Organisation habe. Gleichzeitig arbeiten die Menschen, die in diese Aufgabe »Jobsharing« hineinwachsen, nicht nur an ihren eigentlichen Aufgaben, sondern auch an ihrer Art zu arbeiten.

Dann macht man Jobsharing und hat noch mehr Arbeit?

Das ist Arbeit, die dazugehört. Diese Meta-Arbeit ist eine der wichtigsten Dinge bei Neuer Arbeit. Es geht darum, immer diese beiden Ebenen im Blick zu haben, einerseits: »Was mache ich eigentlich inhaltlich, was ist mein Ziel, was ist mein Purpose?«, und andererseits diese Meta-Arbeit: »Wie arbeiten wir miteinander? Wie gestalten wir unsere Arbeit, funktioniert das? Wie bauen wir uns ein Arbeitsumfeld, in dem es uns gut geht, in dem wir innovativ sein können?« Wenn man Menschen die Möglichkeit gibt, das im Jobsharing miteinander auszuhandeln, dann klappt das mit dem Jobsharing auch. Zusätzlich erwerben sie dadurch weitere Fähigkeiten, die am Ende auch der Organisation zugutekommen.

Ist Jobsharing volkswirtschaftlich gut? Oder macht es »nur« glücklich und ermöglicht eine bessere Work-Life-Balance?

Ja, Jobsharing kann zu einer besseren Work-Life-Balance beitragen. Die Tandems sind oft weniger gestresst, weil sie sich die Verantwortung teilen. Aber es lohnt sich auch für den Arbeitgeber: Es ist immer jemand ansprechbar, die Menschen treffen weniger Fehlentscheidungen, weil sie in den Austausch gehen und sich nicht im stillen Kämmerlein etwas ausdenken. Denn im Jobsharing ist der Austausch eingebaut: Kreativität, Innovation, Fehlerverminderung, Vier-Augen-Prinzip, das ist ja alles schon drin! Natürlich profitiert die Organisation davon, absolut.

Und volkswirtschaftlich?

Das ist nicht leicht zu messen, man kann aber annehmen, dass Unternehmen zum Beispiel innovativer werden. Die Frage ist, ob und wie sie das messen. Die Kostenseite hingegen, die haben sie meistens im Blick: Ein Tandem arbeitet natürlich durch Übergaben und Überlappungen mehr als eine Einzelperson, zusammen eher 60 Stunden statt 40 allein. Ob die Zusammenarbeit besser funktioniert, ob sie gemeinsam bessere Ideen haben, weniger Fehlentscheidungen treffen, das können wir annehmen, aber in Zahlen ist uns das nicht unmittelbar zugänglich.

Du hast ja auch viel das Thema »Frauen und Arbeit« beackert – ist Jobsharing ein reines Frauenthema?

Für mich persönlich nicht – dafür gibt es keinen zwingenden Grund. Aber in der Praxis sind es eher Frauen, die das wollen. Ich glaube, es liegt daran, dass dem Jobsharing immer noch das Etikett anhängt, eine etwas coolere Teilzeit zu sein. Das liegt auch daran, dass das Teilen von Führungspositionen noch viel seltener ist als das Teilen anderer Positionen. Deshalb ist es wichtig, dass wir uns von unserer starren Vollzeit-Teilzeit-Vorstellung lösen und verstehen, dass geteilte Verantwortung – wie auch immer wir sie organisieren – Teil des vielbeschworenen »New Normals« ist. Denn so lange Jobsharing noch diesen Exotenstatus hat, sind es mehr Frauen, die das umsetzen, weil sie weniger Scheu vor Teilzeit haben. Am besten also: rein mit dem Thema »Jobsharing« in den Werkzeugkoffer »Neue Arbeit« der eigenen Organisation! Und rausholen, wenn es die Lösung für ein internes Thema sein könnte.

Was hast du denn an Tipps für das Jobsharing in der Umsetzung? Wie gehe ich am besten vor, wenn ich in der täglichen Arbeit New Work oder Jobsharing etablieren will?

Das ist mein Lieblingsthema, denn hier geht es um LERNEN in der Organisation, zu lernen, bestimmte Dinge zu tun oder sie miteinander umzusetzen. Ich empfehle, am besten andere Jobsharer zu fragen – zu anderen Unternehmen hinzugehen und sich anzuhören, wie sie das gemacht haben. Und das dann sehr transparent in die Organisation hineinzukommunizieren. Also nicht zu sagen: »Das ist jetzt das neue Tandem – mal sehen, ob das funktioniert ...«, und dann versuchen, das Konstrukt hinter verschlossenen Türen mit den Hausjuristen auszudengeln. Ich empfehle eher das genaue Gegenteil: Ein neues Tandem muss als Lernprozess in der Organisation kommuniziert werden. Und dabei sollte kontinuierlich gefragt werden: Wie funktioniert das bei anderen? Was können wir von denen lernen?

Du hast gesagt, Kommunikation sei das Wichtigste generell für Neue Arbeit. Gilt das in besonderem Maße auch für Jobsharing und warum?

Ich sage immer, dass Transformation im Kern ein Kommunikationsprozess ist. Tools, Methoden, Werkzeuge – ja, das ist alles wichtig. Aber am Ende des Tages geht es immer um Kommunikation und Austausch. Das ist auch beim Jobsharing so. Es treten ja nicht nur die in den Austausch, die sich die Stelle teilen und die das organisieren. Es geht auch immer um die Frage: Wie kommuniziere ich das in die Organisation hinein? Das funktioniert vor allem über Austausch. Und da reicht es nicht, eine E-Mail über den großen Verteiler zu schicken, in der steht: »Übrigens, wir sind das neue Tandem, bitte schreibt uns in Zukunft immer beide an.« Sondern das sind Lernprozesse in den Organisationen. Und wie lernt man? Eben zuerst dadurch, dass Lernräume und Lerngelegenheiten geschaffen werden, durch verschiedene Austauschformate, durch Ideenfindungs- oder Brainstormingsessions, in denen die Kolleg:innen in den Austausch kommen können und sich zusammen Gedanken machen.

Was kommt da am Ende raus, wenn alle Jobsharing und New Work machen?

Wenn alle das machen, dann haben wir kein Problem, (lacht) denn dann sind wir schon ein Stück des Weges gegangen. Dann haben wir zumindest Konsens, dass der Weg gut ist. Aber: Es wird nicht alles gut, nur weil ich Jobsharing anbiete. Sondern enorm wichtig bleibt die Meta-Arbeit, die Meta-Reflexion, das muss uns begleiten: Ist Jobsharing wirklich das, was wir brauchen? Oder müssen wir die Leute auf eine andere Art und Weise in den Austausch bringen? Das ist der wichtige Punkt.

In Jobsharing steckt sehr viel drin, viel Gestaltungspotenzial, viel Wachstumspotenzial für alle Beteiligten. Aber es ist kein Automatismus, kein Allheilmittel. Wir sollten Jobsharing und alle Methoden und Formate der Neuen Arbeit als das sehen, was sie sind: Sie können Werkzeuge sein für das, was wir erreichen wollen. Aber um zu wissen, ob es das richtige Werkzeug für die konkrete Situation ist, müssen wir es erst mal ausprobieren. Und wenn es nicht klappt, dann müssen wir ein anderes Werkzeug nehmen.

Eine Reise auf den Jobsharing-Archipel, so viel ist jetzt klar, ist kein Selbstläufer. Denn der gesamte New-Work-Kontinent lässt sich nur durch viel Meta-Arbeit durchmessen, also das Nachdenken darüber, wie wir eigentlich arbeiten. Mit im Gepäck immer die richtige Haltung.

RAUS AUS DEM »ICH-ARBEITE-JA-NUR-IN-TEILZEIT«-MODUS

Und nicht nur New Work als grundlegende Haltung, auch die vielen neuen Werkzeuge müssen erst mal rein in die Unternehmen und in die Köpfe der Arbeitnehmer, kurz gesagt: rein in unsere Hirne. Schließlich bestimmt das, was wir denken auch, wie wir handeln. Und fürs neue Denken müssen wir uns jetzt mal den Ist-Stand auf dem alten Kontinent ansehen:

Wir haben für dieses Buch Zahlen vom Statistischen Bundesamt zum Thema »Teilzeit« angefordert, und was wir da zu sehen bekamen (siehe Grafik, Seite 45), hat uns dann doch ganz schön geschockt: Wenn die Arbeitsverteilung zwischen Männern und Frauen so aussieht, ist »New Work« wirklich in vielen Branchen noch einen Interkontinental-Flug mit fünfmal umsteigen entfernt. Bevor wir zur Schock-Statistik kommen, hier zur Auflockerung einmal die acht besten Klischee-Kommentare zu Teilzeit-Arbeit.

»ACH, DU ARBEITEST IN TEILZEIT?«
DIE NERVIGSTEN REAKTIONEN:
- »Gehst du schon? Und wann hast du eigentlich noch mal komplett frei?«
- »Ja klar, als Mami liegt der Schwerpunkt jetzt erst mal woanders. Du willst ja die Kinder aufwachsen sehen.«
- »Wir konnten den Termin leider nicht vor 16 Uhr legen, sorry, aber du kannst ja dann das Protokoll lesen.«
- »Ist ja auch entspannter.«
- »Wann arbeitest du eigentlich wieder normal?«
- »Ja, ist doch cool. Du, meine Mama ist sogar promovierte Ärztin und hat nach den Kindern nie mehr gearbeitet.«

Und jetzt die bittere Wahrheit: Nur in zwei Prozent der Familien, in denen beide Partner arbeiten, arbeiten beide in Teilzeit. In 45,5 Prozent aller Familien arbeitet der Vater in Vollzeit und die Mutter in Teilzeit, in nur einem Prozent arbeitet der Vater in Teilzeit und die Mutter in Vollzeit. Und in 18 Prozent der Familien arbeiten beide Elternteile in Vollzeit (siehe Graphik, Seite 45). Uns gefällt an diesen Zahlen vieles nicht, aber was echt irgendwie verrückt ist: Wieso sind es nur zwei Prozent der Partnerschaften, in denen beide in Teilzeit arbeiten? Hey, das ist der Schlüssel zum Glück. Das ist der ideale Weg zu einer gerechten Aufteilung in den Erziehungszeiten (die keine Mädchensache sind). Wenn beide Partner in Teilzeit arbeiten, womöglich sogar im Jobsharing, können beide Partner, idealerweise ohne Karriereeinbruch, und sagen wir in einer Arbeitszeit-Staffelung von 70/70 auch noch klasse Geld verdienen – in idealerweise zwei guten Stellungen. Und das Schönste: Beide können gleich viel wickeln und gleich viel in wichtigen Meetings sitzen.

Schaubild 1:
Paarfamilien[1] 2019 nach Erwerbstätigkeit[2] sowie Vollzeit- und Teilzeittätigkeit

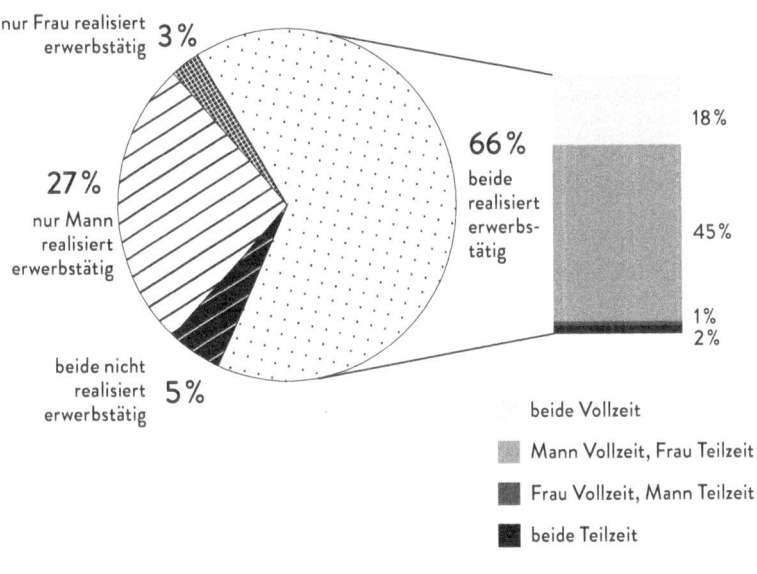

Ergebnisse des Mikrozensus – Bevölkerung in Familien/Lebensformen am Hauptwohnsitz Hochrechnung ab 2011 anhand der Bevölkerungsfortschreibung auf Grundlage des Zensus 2011.
1) Gemischtgeschlechtliche Ehepaare und Lebensgemeinschaften mit beiden Personen im erwerbsfähigen Alter und mindestens einem Kind unter 18 Jahren.
2) Als erwerbstätig werden hier die sogenannten »realisiert Erwerbstätigen« ausgewiesen.

Was bekanntlich in uns allen Teilzeitarbeitenden arbeitet, ist, dass wir in TEILZEIT arbeiten. Den meisten Teilzeitstellen haftet das Image des Stagnierens, im schlimmsten Fall der Regression an. Das ist auch nicht immer unbegründet, denn oft hat man mit einer Teilzeitstelle das Problem, Zuarbeiter:in zu bleiben, Teammitglied, zu assistieren, keine eigenen Projekte übertragen zu bekommen, insgesamt einfach geringere Verantwortung zu haben. Man wird schlichtweg weniger ernst genommen.

Sollten wir nicht lernen, Flexibilität in der Arbeitszeit höher zu schätzen, und müssen wir sie nicht sogar einfordern? Wir können uns noch gut erinnern, als wir in einer Redaktion beim Jugendfernsehen gearbeitet haben: Fast alle Teammitglieder waren unter 30. Wir auch. Aber dann gab es noch die zwei »Muddies«, Ende 30, die um 15 Uhr gegangen sind. Und war da nicht immer so ein kleiner Vorwurf in den Smalltalks in der Küche? »Ach, du bist später bei der wichtigen Sitzung ja gar nicht mehr da, gell?«, oder: »Ach Mensch, jetzt ist sie schon weg, jetzt hält das wieder den ganzen Laden auf.« Dass beide »Muddies« morgens schon um acht Uhr am Schreibtisch saßen, während wir um halb zehn eintrudelten, sahen nur sehr wenige. (Gearbeitet haben sie eh gleich viel wie wir.) Ja, mit 27 lästert sich's leicht. Wir sind ja froh, dass den Millenials ihre Work-Life-Balance deutlich wichtiger ist als uns damals, aber gerade in unserer Altersklasse gibt es viel zu tun, um das Teilzeit-Image zu ändern. Und, was die Mütter betrifft, auch vom »Muddie«-Makel zu befreien. Die »Vaddies« müssen sich mit den »Muddies« mal kräftig solidarisieren. Wir brauchen alle Geschlechter an der Teilzeit-Front, damit Arbeiten in Teilzeit eben nicht mehr den »Muddie«-Stempel hat. Es ist alles eine Frage der Haltung und des Lernens – und Jobsharing kann uns dabei helfen:

UNSERE VIER IDEEN ZUM TEILZEIT-UPGRADING:

1. **Framing für mehr Augenhöhe**: Lasst uns doch im Alltag gar nicht mehr von »Teilzeit« reden, der Begriff ist einfach besetzt.[3] Man arbeitet das, was vereinbart ist. »Du, ich arbeite aktuell eine vereinbarte Zeit von 20 Stunden« klingt doch gleich viel besser und entspricht dem New-Work-Anspruch der laufenden Kommunikation und Flexibilität.

2. **Macht doch bitte einfach euren Job**: Nicht mehr lästern, wenn jemand »früher« geht: Jeder wird für ihre/seine vereinbarte Zeit bezahlt, und außerdem: Wer weiß denn, ob er/sie nicht zu Hause noch arbeitet? Und wenn es einen wirklich interessiert, dann doch bitte einfach nachfragen, statt zu lästern.

3. **Den Spieß mal umdrehen**: Vor allem Männer drauf ansprechen, wie sie das eigentlich mit den Kindern machen, wenn sie so lang im Büro sind.

4. **Frei nach – siehe oben – »Be a player, not a victim«**: Sich einen Jobsharing-Partner suchen.

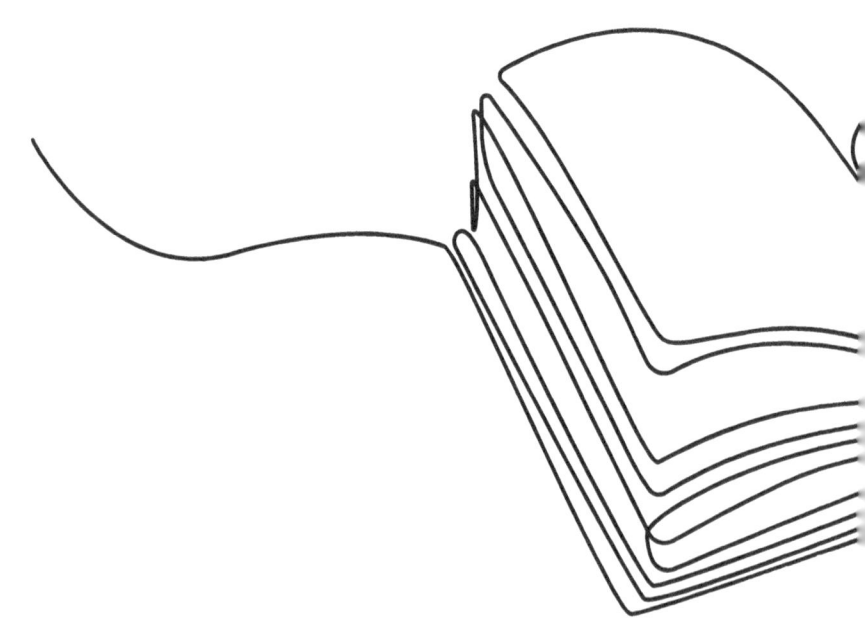

REISEATLAS:
JOBSHARING

ALL INCLUSIVE ODER HALBPENSION?

Wer einmal in die Augen eines Jobsharing-Pärchens geschaut hat, weiß, wie glücklich Menschen arbeiten können.

CHRISTINA BRAASE

Eine wichtige Frage für alle Reiselustigen ist, welche Art Urlaub sie machen wollen. Bucht man 100 Prozent All inclusive? Eine Pauschalreise, zu der man einzelne Ausflüge hinzubucht? Will man in einer Gruppe reisen? Oder ein ganz individuelles Paket? Und: Wie viel darf die Reise überhaupt kosten, und wie lange darf sie dauern? Höchste Zeit also, dass wir uns auf unserer Reise im Kontinent »New Work« im Land »Jobsharing« genauer umschauen.

To share ONE job: Wie der Begriff »Jobsharing« schon sagt, teilen sich bei diesem Arbeitsmodell in der Regel ZWEI Menschen EINE Stelle und arbeiten dabei überwiegend nach vereinbarter Stundenzahl (also in »Teilzeit« 😊). Jobsharer arbeiten sehr eng zusammen und legen Arbeitszeiten und Aufgaben meist individuell untereinander fest. Außerdem bringen sie ihre unterschiedlichen Kompetenzen ein und teilen die Verantwortung. Die beiden Personen selbst werden in vielen Unternehmen dann »Tandems« genannt, in unserem Fall reden die meisten allerdings von »Lydecca«. Uns gefällt beides gut, »Jobsharer« und »Tandem«, weil die Vorstellung, etwas zusammen zu machen, voranzukommen wie mit einem echten Tandem, mindestens genauso schön ist, wie etwas zu teilen.[4]

»Ach, ihr teilt euch den Job?! – Wie cool!« Das ist eigentlich die klassische Reaktion, wenn wir heute erklären, was wir machen – Gott sei Dank. Wenn jede von uns sagen würde: »Hey, ich arbeite in Teilzeit«, dann klingt das leider nach wie vor – siehe oben, #falschesmindset – irgendwie nicht cool. Doch wenn man es genau nimmt, ist jemand, der im Jobsharing arbeitet, in den meisten Fällen in Teilzeit beschäftigt (es gibt aber zum Beispiel auch die Version, in der zwei 100-Prozent-Stellen im Tandem funktionieren). Aber Jobsharing ist so viel mehr als ein normaler Teilzeitjob. Warum?

Einen Job in Teilzeit zu machen bedeutet in erster Linie, einen Job ALLEIN zu machen, und das auch noch in weniger Zeit als in einer Vollzeitstelle. Keine Zeitsouveränität, kein Backup. Beim Jobsharing bleibt die reduzierte Arbeitszeit – also der positive Aspekt der Teilzeitstelle. Es kommt aber durch die zweite Person zu einer Auffüllung der Rest-Arbeitszeit und – durch die eng angelegte Zusammenarbeit – zu einer völlig neuen und gewinnbringenden Arbeitsweise: Komplexe Projekte, zeitaufwendige Sitzungen, vielschichtige Planungsarbeit – sie fressen den Arbeitsalltag nicht auf, und es bleibt plötzlich Raum für anderes. Unterschiedliche Kompetenzen ergänzen sich, und noch wichtiger: Die Verantwortung wird geteilt. Fazit: Jobsharing macht viel mehr Jobs möglich als die herkömmliche Teilzeitstelle, und macht die gute, alte, oft bevorzugte Vollzeitstelle von der One-Man-Show[5] zur Doppelvorstellung.

MODELLE: HYBRID? PURE? ODER EINFACH NUR WORKSPOUSE?

Eine idealerweise symbiotische Stellenbesetzung kann die unterschiedlichsten Ausformungen bekommen, weshalb wir nachfolgend die Systematik einer britischen Forschung vorstellen wollen. Dort gibt es »The Job Share Project«, das mit universitärer Anbindung und Sponsoring aus der Wirtschaft untersucht, wie tauglich Jobsharing bei den verschiedensten beruflichen Ansprüchen ist. Wer die Seite thejobshareproject.com ansteuert, sieht schon an den Namen der Sponsoren, dass Jobsharing in der Wirtschaft als beidseitige Chance sehr ernst genommen wird: DHL, KPMG, Deloitte sind nur einige der Beteiligten, und laut Eigenauskunft geht es ihnen darum, Jobsharing speziell an kritischen Punkten wie zum Beispiel der Logistik als tauglich oder untauglich zu erforschen.

Die Berliner Firma Tandemploy, die eine Softwarelösung für Unternehmen entwickelt hat, die unter anderem Jobsharing-Tandems zusammenbringt, hat sich die Mühe gemacht, die verschiedenen Jobsharing-Modelle zu kategorisieren und greift dabei teilweise auch auf »The Job Share Project« zurück. Nachfolgend übernehmen wir Auszüge aus der Aufstellung von Tandemploy, alles dazu auch auf www.tandemploy.com.[6]

Übergreifend betrachtet gibt es **»Job Paring«** und **»Job Split«**. Der sogenannte »Job Split« ähnelt sehr stark der klassischen Teilzeit und ist eigentlich kein echtes Jobsharing: Hier wird ein Job in zwei voneinander unabhängige Bereiche aufgeteilt. Man muss sich das so vorstellen: Einer macht praktisch von A-K, der andere von L-Z. Das gab es vermutlich schon beim Bau der Pyramiden und wird jetzt nicht weiter von uns diskutiert, denn wir wollen uns ja um »Neues« kümmern.

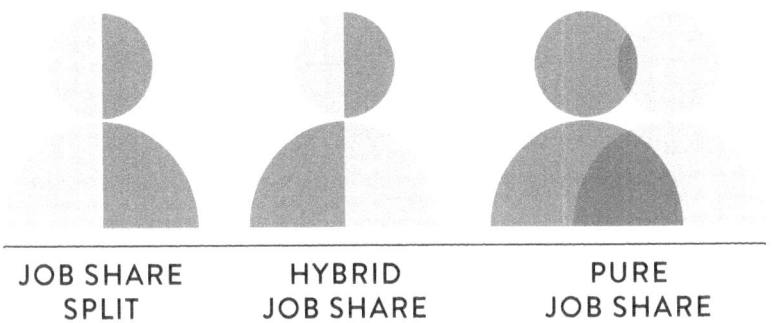

| JOB SHARE | HYBRID | PURE |
| SPLIT | JOB SHARE | JOB SHARE |

credit: https://www.thejobshareproject.com/

Bei Jobs, die sich nicht einfach splitten lassen, kommt das *Job Pairing* ins Spiel. Wer, zumindest im deutschsprachigen Raum, von Jobsharing spricht, meint meist diese Variante. Beim Job Pairing sind die Mitarbeiter austauschbar und für den Chef wie eine Person – so wie wir als »Lydecca«. Dies kann wiederum unterschiedliche Formen und Intensitäten annehmen, man unterscheidet hier zwischen einem »Hybrid« und einem **Pure Job Share**. Tandemploy erklärt die Unterschiede zwischen hybridem und reinem Jobsharing so: »Beim **Pure Job Share** sind zwei Personen gemeinsam für einen Job verantwortlich und funktionieren fast wie ›Klone‹, also ähneln sich in ihren Kompetenzen und Stärken relativ stark und sind dadurch in hohem Maße austauschbar. Oftmals haben Jobsharer, die sich für diese Form der Zusammenarbeit entscheiden, sogar ein gemeinsames Postfach und einen gemeinsamen Kalender.«

»Beim **Hybrid Job Share** teilen sich zwei Menschen in gemeinsamer Verantwortung einen Job und bringen dabei unterschiedliche Erfahrungen und Kompetenzen mit ein. Oftmals ergänzen sich die Jobsharer in bestimmten Bereichen, sind zumindest teilweise komplementär – was nicht nur für das Tandem selber, sondern auch für ihren Arbeitgeber einen besonderen Reiz ausmachen kann. Insgesamt sind beide – auch bei teils anderen Schwerpunkten innerhalb des Jobs – immer über die wichtigsten Schritte und Aufgaben des jeweils anderen im Bilde, und können im Zweifelsfall für diesen einspringen, mit- und weiterdenken.«

Und es geht noch genauer. Svenja Christen von »The Jobsharing Hub« berät Firmen, die Jobsharing in ihrer Organisation etablieren wollen (siehe ausführliches Interview ab Seite 60). Sie hat für den »Hybrid Job Share« noch acht weitere Modelle eingeführt, siehe Aufstellung nebenan, alles auf jobsharing-hub.de.[7] Zum Beispiel das sogenannte **Peertandem,** also zwei Fachkräfte bringen zusammen einen Job nach vorn: »Besonders sinnvoll ist dieses Modell zur Talentbindung, bei schwer zu besetzenden Schlüsselpositionen und bei Stellen mit vielfältigen Kompetenzanforderungen oder einem hohen Arbeitsvolumen.«

Besonders kraftvoll für Unternehmen wird Jobsharing auch, wenn jemand aus der Organisation in Rente geht. Durch Jobsharing kann hier Wissen und Erfahrung gerettet werden, wenn nämlich eine ausscheidende Mitarbeiterin des Unternehmens mit ihrer Nachfolgerin ein temporäres Tandem eingeht; zum Beispiel kombiniert mit einem Altersteilzeitmodell. Neben der Sicherung des Fachwissens gibt es hier einen optimalen Onboarding-Prozess für den Nachfolger, man nennt das **Legacy Tandem.** Ähnlich kann man das bei Junior- und Seniorpartnern machen, und so

Nachfolgeplanung gezielt verfolgen und plötzliche Lücken vermeiden. »The Jobsharing Hub« nennt das **Succession Tandem.**

Besonders hybrid (also unterschiedliche komplexe Persönlichkeiten ergänzen sich) wird es laut der Definitionen auf Jobsharinghub.de im **Diversity Tandem**, wenn Jobsharing mit ausgesprochen verschiedenen Mitarbeiter:innen besetzt wird. »Mitarbeiter/innen mit verschiedenen Gedanken, Kompetenzen und Hintergründen erzielen nachweisbar bessere Ergebnisse und stärken die Innovationskraft. Im Jobsharing bilden Jung und Alt, Menschen mit und ohne Behinderung, junge Väter und erfahrene Kolleginnen, Menschen mit und ohne Flucht- oder Migrationshintergrund intensive Berufsbeziehungen und wachsen so durch- und miteinander.«

ACHT JOBSHARING-MODELLE NACH »THE JOBSHARING HUB«

1 TOP SHARING
IN DIESEM TANDEM ARBEITEN ZWEI FÜHRUNGS-KRÄFTE GEMEINSAM AUF EINER STELLE.

2 PEER TANDEM
IN DIESEM TANDEM ARBEITEN ZWEI FACHKRÄFTE GEMEINSAM AUF EINER STELLE.

3 SUCCESSION TANDEM
BEIM SUCCESSION TANDEM GEHEN EINE SENIOR-MITARBEITERIN UND EINE JUNIOR-MITARBEITERIN EINE TANDEMPARTNERSCHAFT EIN.

4 DIVERSITY TANDEM

HIER BILDEN JUNG UND ALT, MENSCHEN MIT UND OHNE BEHINDERUNG, JUNGE VÄTER UND ERFAHRENE KOLLEGINNEN, MENSCHEN MIT UND OHNE FLUCHT- ODER MIGRATIONSHINTERGRUND INTENSIVE BERUFSBEZIEHUNGEN UND WACHSEN SO DURCH- UND MITEINANDER.

5 LEGACY TANDEM

BEIM LEGACY TANDEM BILDET EINE AUSSCHEIDENDE MITARBEITERIN DES UNTERNEHMENS MIT IHRER NACHFOLGERIN EIN TEMPORÄRES TANDEM. ZUM BEISPIEL KOMBINIERT MIT EINEM ALTERSTEILZEITMODELL.

6 HOP ON TANDEM

IN DIESER VARIANTE BILDEN EINE MITARBEITERIN DES UNTERNEHMENS UND EINE UNTERNEHMENSEINSTEIGERIN EIN TEMPORÄRES TANDEM.

7 CROSS FUNCTIONAL TANDEM

IN CROSSFUNKTIONALEN TANDEMS WERDEN GEZIELT MITARBEITERINNEN AUS VERSCHIEDENEN FUNKTIONEN BZW. FACHBEREICHEN GEMATCHT.

8 CROSS COMPANY TANDEM

IN CROSS COMPANY TANDEMS ARBEITEN MITARBEITER/INNEN ZWEIER UNTERNEHMEN, ODER AUCH UNTERNEHMENSFORMEN, ZUM BEISPIEL START-UP UND KONZERN, GEMEINSAM AUF EINER STELLE.

Nun wissen wir, welche Kästchen es gibt – jetzt fehlen noch die Menschen, die sich dort hineinsortieren. Svenja Christen von »The Jobsharing Hub« zeigt in ihrer Studie auf, dass sich Jobsharing Tandems vor allem danach unterscheiden, wie sie zustande kommen und wie ihre jeweilige Arbeitssituation ist. Vier verschiedene Typen von Jobsharing-Konstellationen werden in der Studie definiert, die auf 150 Jobsharer-Interviews beruht. Aufgrund zentraler thematischer Kategorien wie zum Beispiel Geschlecht, Alter, Familie, Motive für die Entscheidung für Jobsharing oder etwa auch bestimmte Funktionsweisen im Tandem oder der Art der Zusammenarbeit unter den beiden Partnern, aber auch Kategorien wie Belastung oder Vorteile kristallisierten sich diese Typen heraus:

Typ A: »Symbiotische Karrieretandems«
Typ B: »Fremdbestimmte Tandems«
Typ C: »SparringspartnerInnen im höheren Management«
Typ D »Strategische Bündnisse im höheren Management«[8]

Und was ist jetzt »Lydecca«? Wir halten uns für Typ A, das »symbiotische Karriereteam« und wenn man die Erklärungen von Svenja Christen liest, weiß man auch, warum: Für Typ A sei es laut Christen die primäre Motivation, auch mit Kindern einem ähnlich anspruchsvollen, verantwortungsreichen Job nachgehen beziehungsweise eine Karriere machen zu können wie vor der Elternzeit.[9] Außerdem seien die Symbiotiker von einem sehr starken Zusammengehörigkeitsgefühl geprägt, es geht um eine Begegnung auf Augenhöhe und eine enge Zusammenarbeit im Team. Am besten gefällt uns folgende Beschreibung in der Studie: »Indem sie sich als eine Einheit, als ein ›Team‹, verstehen, gelingt es, Konkurrenz zu vermeiden und sich stattdessen auszutauschen, gegenseitig zu unterstützen und weiterzuentwickeln.« In vielen Gesprächen wird das Jobsharing mit einer Ehe verglichen. Nicht umsonst nennen auch wir uns gegenseitig liebevoll »my workwife«.

Das Land »Jobsharing« ist, wie Reiseführer es bezeichnen würden, voller interessanter Sitten und Gebräuche. Jobsharing ist nicht immer das Gleiche, und jedes Pärchen muss seine Kategorie finden und seinen Tandem-Flow selbst erarbeiten. Die Kategorisierung von Tandemploy und die Forschungen von »The Jobsharing Hub« können helfen, im Dschungel der Möglichkeiten als Jobsharing-Pärchen den richtigen Weg zu finden – ob er dann auf den Campingplatz oder ins Wellnesshotel führt.

SICHER REISEN – MIT DEN JOBSHARING-SCOUTS

In weit entfernte Urlaubsländer zu reisen kostet ja manchmal Überwindung, weil man die Sprache nicht so gut kennt, nicht weiß, ob man das Essen verträgt oder schlicht Angst hat, sich zu verlaufen und nicht mehr zurück ins Hotel zu finden. Reiseunternehmen werben deshalb oft mit sogenannten persönlichen Scout-Tours, wo Einheimische und besonders ortskundige Menschen die Neu-Ankömmlinge in die unbekanntesten Winkel des Landes begleiten, sie an der Hand nehmen und vor giftigen Schlangen retten.

Auch in unserem noch nicht auserforschten Jobsharing-Land gibt es Gott sei Dank schon einige Scouts, die sowohl die Jobsharer als auch und vor allem die Unternehmen selbst auf sicherem Wege an die schönsten Orte und zu den lohnendsten Sehenswürdigkeiten begleiten, in der Hoffnung, sie mögen Auswanderer werden.

Das ist wahnsinnig wichtig, denn organisches Wachsen solcher Modelle ist noch lange keine Selbstverständlichkeit. Es braucht tatsächlich die Tatkraft engagierter Firmen, die dabei helfen, diese Arbeitsform in Organisationen zu etablieren. Ein bereits genanntes Beispiel ist das Berliner Tech-Unternehmen Tandemploy, das sich schon 2013 auf den Kontinent des Neuen Arbeitens gewagt und eine Software entwickelt hat, die Menschen und (Lern-)Angebote in Organisationen auf einem digitalen Marktplatz zusammenbringt: für Jobsharing-Konstellationen, aber auch für Mentoring-Tandems, Onboarding-Buddies, Projekte, Workshops und vieles mehr. Speziell auf das Thema Jobsharing bezogen können dort Mitarbeitende ihr Interesse an diesem flexiblen Arbeitsmodell angeben und genau spezifizieren, welche Art von Tandempartner*in sie suchen und welche Kompetenzen und Erfahrungen sie selbst in eine geteilte Rolle einbringen könnten. Ein Matching-Algorithmus bringt dann die Kolleginnen zusammen, die sich perfekt eine Aufgabe teilen können, fachlich und menschlich gut zusammenpassen und sich idealerweise sogar in ihren Stärken ergänzen.

Einen anderen Ansatz für die Verbreitung von Jobsharing verfolgt »The Jobsharing Hub«, deren Kategorisierungen wir schon oben kennengelernt haben. Gegründet wurde das Jobsharing Hub von Svenja Christen und Yannic Franken. Sie waren in verschiedenen Unternehmen und Start-ups selbst einmal Jobsharer und brennen seitdem für das Modell. Svenja ist Geschäftsführerin von »The Jobsharing Hub« und aufgrund ihrer Erfahrung der ideale Vor-Ort-Scout im Lande »Jobsharing«.

INTERVIEW

SVENJA CHRISTEN: »WHERE THE MAGIC HAPPENS«

Ist es eigentlich okay, wenn nur wir zwei miteinander sprechen oder müsste dein Partner mit dabei sein?
(überrascht) Hallo? Nein, das ist okay. Das ist Jobsharing.

Was macht das Jobsharing Hub?
Yannic Franken und ich sind Gründer und Geschäftsführer vom Jobsharing Hub, dazu kommt ein Team an ausgebildeten Coaches, die vor allem das Tandem-Coaching übernehmen, was einer unserer Schwerpunkte ist. Ein weiterer ist die strategische Beratung – wenn wir Unternehmen dabei unterstützen, Jobsharing als »product« einzuführen, also aktiv zu fördern. Unser dritter Schwerpunkt ist das Thema Forschung und Wissenschaft. Wir haben 2019 die bislang größte Studie zum Thema Jobsharing veröffentlicht und ein Jahr später eine nachfolgende Covid-Studie aufgesetzt, um zu sehen, wie robust das Modell in Krisenzeiten ist.

Und – ist Jobsharing krisenfest?
Sehr krisenfest – ja. Sogar aus verschiedenen Blickwinkeln. Einer der naheliegenden Gründe ist, dass geteilte Zeit natürlich hilfreich ist, wenn z.B. auf einmal Homeschooling ansteht. Aber auch andere Dinge, so wie die spezielle Art des flexiblen Arbeitens, die Tandems immanent ist, sind sehr hilfreich in turbulenten Krisenzeiten. Jobsharer haben sich in der Regel ziemlich schnell neu

aufgestellt und andere Wechselmodelle aufgesetzt. Sie haben sich schnell neu formiert, hatten eine höhere Verfügbarkeit für ihr Team, waren zugänglicher und konnten ihrem Team dadurch auch in Krisenzeiten mehr Sicherheit geben. Also viele Dinge, die da noch mal für mehr Robustheit gesorgt haben. Außerdem konnten zu zweit auch schwierige »Krisenentscheidungen« hochwertiger getroffen werden. Das Modell kam also durchweg positiv weg in der Studie.

Wie bringt ihr Jobsharing ins Unternehmen? Was sind die konkreten Schritte? Kommen die Kunden und sagen: »Hey, wir wollen jetzt Jobsharing machen – helft uns!«?

Oft geht es so los, dass es wirklich einen konkreten Fall gibt. Also ein Tandem, das organisch gewachsen ist, und das Unternehmen sagt »Ah, das wäre doch eigentlich cool, das jetzt auch mal über diesen Zufall hinaus professionell zu begleiten ...« – das ist ein ganz häufiger Startpunkt von Tandems. Dann begleiten wir dieses Tandem intensiv und versuchen, aus diesem Pilotprojekt zu lernen und Standards abzuleiten. Oder ein Unternehmen sagt: »Hey komm, ich möchte jetzt wirklich Jobsharing einführen. Bei uns gibt es noch keine konkreten Tandems, wir möchten das Thema aber nun wirklich angehen und ausrollen.« Das kritische Nadelöhr sind da vor allem gut ausgebildete Personaler, die an Bord sein müssen, dann natürlich das Commitment von oben mit dem mittleren Management als Möglichmacher. Und klar: An allen Ecken und Enden menschelt es total. Es ist leider ein bisschen mühsam am Anfang.

Inwiefern mühsam, was macht ihr, um das ins Rollen zu bringen?

Weil man dranbleiben muss; das ist am Anfang viel Einzelbeatmung, aber irgendwann hat man diesen kritischen Punkt erreicht, den gewissen Schwellenwert an aufgebauten Tandems, die dann Strahlkraft in die Organisation haben.

Wir haben da kein Schema F – wir arbeiten mit verschiedenen Inhalten. Zum Beispiel: Wie setze ich eine Basis-Policy zum Thema Jobsharing auf? Welche Kernargumente streue ich ganz bewusst, in welchen Zielgruppen? Wo arbeite ich eher mit Zahlen? Wo arbeite ich eher mit Emotionen? Und am Anfang werden wir oft bewusst reingeholt, um einfach auch an die Front gestellt zu werden. Weil viele Fragen von Personalern selber noch nicht beantwortet werden können. So werden wir nach vorn geschoben, beantworten jede Frage einzeln und führen die Leute Stück für Stück aus ihrer Neugier und Unsicherheit ins Doing hinein.

Hast du ein Beispiel, bei dem eine besonders kreative Jobsharing-Lösung etabliert wurde? Und wenn ja, könntest du uns davon erzählen?

Ein schönes Beispiel ist das eines Unternehmens, das seiner Abteilungsleiterin nach Rückkehr aus ihrer Elternzeit ein Jobsharing-Modell möglich machen wollte. Im Einzelgespräch stellte sich heraus, dass die entsprechende Person sich in das Modell hineinargumentiert fühlte, obwohl sie in Vollzeit zurückkommen wollte. Ihr Mann sollte und wollte den Hauptteil der Kinderbetreuung übernehmen. Ihr Vorgesetzter war sich schon im Vorhinein sicher, dass sie in Teilzeit zurückkommen würde. Parallel lief allerdings eine Ausschreibung für eine Gruppenleiterrolle, die unter ihr aufgehängt werden sollte. Hier hatte sie Bauchschmerzen, den direkten Bezug zum operativen Geschäft zu verlieren, wenn diese Zwischenebene eingezogen würde. Wir haben ein Modell erarbeitet, in dem die Gruppenleiter- und die Abteilungsleiterrolle zu einer Abteilungsleiterrolle verschmelzen. Im Jobsharing und in Vollzeit für beide Akteure.

Was sind denn die größten Hürden?

Vertragliche Hürden gibt es eigentlich kaum. Da lässt es sich mit Dingen arbeiten, die bereits bestehen. Eine große Hürde ist, dass es erst mal überhaupt zu den ersten Tandems kommt. Das aufzubauen, das ist der anstrengende Teil von Jobsharing-Implementierung. Und für alle, die im Personalbereich arbeiten, heißt das ganz viel Schnittstellenmanagement und Absprache. Da sind viele Bereiche involviert, die mit abgeholt werden müssen. Wie viele Vollzeit-Stellen dürfen denn zum Beispiel gestretcht werden, wenn man Jobsharing-Stellen besetzt? Welche Stellen besetzen wir denn überhaupt erst mal im Jobsharing? Welche sind dafür vielleicht besonders geeignet? Wie geht man mit bestimmten Haftungsthemen um? Welche Tools können genutzt werden? Das sind viele einzelne Fragen, Prozessfragen, politische Fragen, Entscheidungsfragen, Betriebsratsfragen. All das, was eben auf dem Weg an Hindernissen und Hürden abzuarbeiten ist, das machen wir mit den Unternehmen.

Wenn das Thema »Tandem« einmal etabliert ist, gibt es dann in der Regel einen kontinuierlichen Anstieg?

Ja, wir begleiten die Unternehmen ja ein Stück weit, und man kann als Faustregel sagen, wenn eine kritische Masse an Tandems da ist – sagen wir mal, zehn Tandems arbeiten erfolgreich zusammen –, dann rollt das von allein weiter. Aber man muss schon dranbleiben am Thema, das muss jedem Unternehmen klar sein. Es ist kein Projekt, das mal schnell abgeschlossen ist, sondern etwas, das man weiter kontinuierlich begleiten muss und ja coolerweise auch ausbauen kann. Erst startet man zum Beispiel intern, zieht das sozusagen groß, um dann irgendwann wirklich an den Punkt zu kommen, dass Stellen intern und extern auf Masse auch im Jobsharing ausgeschrieben werden, und zwar nicht nur im Wording, sondern wirklich mit Substanz dahinter.

Wie sollte man ausschreiben – 50:50?

Man kann natürlich versuchen, eine Stelle 50:50 auszuschreiben; das wäre aber nicht meine Empfehlung. Und tatsächlich sind die meisten Unternehmen da flexibel, einen Zuschlag draufzulegen und zum Beispiel 60:60 zuzulassen. Das fand ich bisher sehr positiv, da habe ich auch mit mehr Widerstand gerechnet. Und zwar nicht, weil man 20 Prozent für Ineffizienz braucht, die man gegenüber einer Vollzeitstelle nicht hätte, sondern weil in diesen 20 Prozent, in dieser Überlappungszone, genau das passiert, was den Riesenmehrwert von Jobsharing schafft. Also das ist »where the magic happens«. Es ist das Gemeinsame, das Kollaborative. Ansonsten können wir auch zwei Menschen nebeneinandersetzen, die nichts miteinander zu tun haben und die Stelle schön aufsplitten. Dann sparen wir uns vielleicht die 20 Prozent Überhang, aber das ist mehr als reine Übergabe, was da passiert. Und es ist natürlich eine klare Empfehlung, diesen Überhang zuzulassen. Jobsharing aufzubauen, auch flächendeckend aufzubauen als größeres Angebot, ist eine Investition und ist letzten Endes auch eine Haltungsfrage, wie wir in Zukunft arbeiten möchten und was man für die Mitarbeitenden ermöglichen will.

Ist es denn teurer?

Ich rate Unternehmen dazu, diesen Überhang, der auf den ersten Blick vielleicht ineffizient oder unattraktiv erscheint, erst mal zentral bereitzustellen, damit die ersten Tandems in Gang kommen. Rein in Zahlen lässt sich das gut berechnen, was am Ende zum Beispiel an Dopplungen oder Boni rauskommt oder was sich eben auch amortisiert. Wir haben einen Rechner, den wir in Beratungen einsetzen, mit dem das Unternehmen das wirklich mal durchspielen kann – auf verschiedenen Positionen, aber natürlich auch als Gesamtlösung. Rein zahlentechnisch erst mal teurer, aber dann eben auf lange Sicht gewinnbringend.

Wie wäre es denn, wenn du so einen Strich jetzt schon unter eure vier Jahre ziehen müsstest?

Ein wahnsinniger Erfolg ist es für mich zu sehen, wie sich durch unsere Studien und unsere Arbeit das Thema Jobsharing sehr viel stärker entwickelt hat. Das sind wir natürlich nicht ganz allein, die Pionierarbeit geleistet haben. Aber ich glaube, wir waren die Ersten, und ich würde auch sagen noch immer die Einzigen, die richtig die Ärmel hochkrempeln und sich durch den mühsamen Teil arbeiten. Also schöne, blumige Argumente für Jobsharing in Vorträgen spreaden ist relativ einfach, aber die Kleinkleinarbeit am Anfang, die so wichtig ist – die machen wir. Und ich mache die auch total gern, weil das der Punkt ist, der einmal überwunden werden muss. Wenn man an diesem ersten Punkt der Arbeit stehenbleibt oder da schon abgespeckt wird, dann geht es häufig nicht weiter. Und deshalb ist es so wichtig, dranzubleiben. Wir sehen das in den Unternehmen, in denen wir sind, dass da ein Tandem nach dem nächsten losrollt und es immer weitergeht.

Welche Bedeutung hat denn die Studie für euch beim Etablieren von Jobsharing gehabt?

Eine große Bedeutung, weil aus der Studie ein schöner Tandembility-Test resultierte, den wir im Januar 2021 gelaunchit haben. Der basiert unter anderem auf den Ergebnissen unserer großen Jobsharing-Studie. Das war die größte Studie, die es bisher in Deutschland gab, mit 150 teilnehmenden Jobsharern, die wir mit einem sehr umfangreichen Fragebogen und 35 Tiefeninterviews sehr intensiv befragt haben. Auf Basis all dieser Daten haben wir den **Tandembility-Test**[10] entwickelt, der messen kann, wie gut man denn für das Jobsharing-Modell geeignet ist. Er gibt Mitarbeitenden ein Gefühl: Ist das was für mich? Das ist einerseits schön für die Arbeitnehmenden, andererseits ist es ein interessantes Tool, weil es eben auch zum Erstanschub gut ist, sich überhaupt mal mit dem Thema zu beschäftigen. Auch die Personalabteilung kann sehr interessante Informationen aus dem Test ziehen: Wer macht mit? Wer hat hinterher Lust auf Jobsharing? Würde er oder sie seine/ihre eigene Stelle gern teilen oder nicht? Aus welchem Bereich kommt er? Von welchem Management-Level? All diese demografischen und natürlich anonymen Daten, die ja total wichtig sind, um gezielt loszugehen und nicht mit der Gießkanne eine Kampagne anzugehen. Wir haben schon die ersten Ergebnisse aus Unternehmen bekommen und sehen: Der Test bringt genau das, was wir uns erhofft haben.

Ihr coacht die Tandems ja auch – wie notwendig ist ein begleitendes Coaching für ein schon bestehendes Pärchen?
Das haben wir auch in unserer Studie miterhoben. Alle Tandems schätzen es als sehr wichtig ein, ein Coaching zu bekommen. Gerade Pionier-Tandems, die am Anfang wie ein rohes Ei sind, brauchen Unterstützung. So ist auch unser Konzept: Gerade zum Start sehr klar und auch sehr intensiv zu coachen. Da geht es um Organisatorisches, um das Binnenverhältnis des Tandems und seine Wertarbeit, aber auch um Themen wie Selbstmarketing.

Warum braucht es Selbstmarketing? Wegen des Stempels *Mutti-Modell*?
Beim Jobsharing liegt ein starker Fokus auf den Frauen und auf der Wiedereingliederung von Frauen. Da ist auf jeden Fall ein Need da. Das will ich auch gar nicht wegreden. Der ist halt da – ABER: Der ist LEIDER da. Weil Frauen nach wie vor den Löwenanteil an Care-Arbeit übernehmen.
Von daher ist es sehr wichtig, von Anfang an die Männer mit auf dem Radar zu haben. Aber auch ältere Menschen und Berufseinsteiger – damit können wirklich strategische Mehrwerte entstehen.

Ganz gezielt auf diese Gruppen zuzugehen und sie möglicherweise sogar deutlich stärker anzusprechen als Frauen. Weil die Frauen sowieso da sind und nach Möglichkeiten suchen, Karriere und Familie zu managen. So ging es mir ja auch, als ich damals im Jobsharing im Unternehmen angefangen habe. Wenn man aber viel mehr Männer auch dazu bewegen würde, das zu tun, dann würden wir auch die Geschlechterungerechtigkeit angehen, die dahintersteckt. Wir sind da glasklar auch in Richtung Männer unterwegs. Und im Zweifelsfall ist es schon passiert, dass wir zu Unternehmen gesagt haben: Nee, das ist nicht die Art von Ansprache und Zielsetzung von Jobsharing, die wir unterstützen – wir können leider nicht. Es geht immer um Wege, das ganze Thema auch in Richtung Männer zu entwickeln.

Wenn ich in einem Unternehmen arbeite, das *Jobsharing* nicht aktiv anbietet, was kann ich tun, wenn ich ins Jobsharing will?
Hier wird der Arbeitgeber nicht die Partnersuche übernehmen. Das heißt, am besten schon mit dem Tandempartner kommen, am besten mit einer sehr konkret ausgearbeiteten Idee, optimalerweise auch schon etwas Visualisiertem, was ein Vorschlag für ein Zeitmodell sein kann, warum du und dein Tandempartner zusammen sogar mehr bieten können als eine Vollzeitkraft. Das kann man sehr schön, indem man zum Beispiel ein gemeinsames Kompetenz-Portfolio visualisiert. Idealerweise auch schon für eine konkrete Stelle vorschlagen und die Akteure ans Händchen nehmen, also Argumente vorbringen: Das wollen wir, diese Stelle. Wir sind besonders gut für diese Stelle zu zweit, und wir haben Argumente, warum genau für diese Rolle oder Stelle ein Tandem das Richtige wäre. Und dann ist der Rest leider immer noch Glückssache.

Jobsharing funktioniert, aber alle Seiten müssen es wollen und sich auch eingestehen, dass es anfangs auch einmal haken kann – so wie bei allen neuen Dingen. Wenn man sich als Unternehmen dafür entschieden hat, ist es dann gar nicht mehr so schwierig, Jobsharing konsequent zu implementieren. Und: Man muss kein neugegründetes Start-up sein, um Jobsharing einzuführen. Das beweisen etablierte Konzerne wie Beiersdorf, Daimler, SAP oder Unilever, die neben einigen wenigen anderen zu den Vorreitern auf dem Arbeitsmarkt gehören. Sie haben es geschafft, Jobsharing zu einem natürlichen Arbeitsmodell im Unternehmen heranwachsen zu lassen. Wie das im Fall von Beiersdorf geklappt hat, beschreibt Christina Braase anschaulich. Sie ist seit 26 Jahren bei Beiersdorf, seit fast zwei Jahrzehnten im Personalbereich und arbeitet seit 2014 im »Diversity and Inclusion Management«. Zudem ist sie seit 2019 im Unternehmen als »Jobsharing Expert« die offizielle Anlaufstelle für alle Fragen rund ums Jobsharing. Das erste Jobsharing-Führungstandem gab es bei Beiersdorf schon 2010, aktuell arbeiten bei Beiersdorf in Deutschland 32 Tandems. Zur Einordnung: Beiersdorf beschäftigt 2021 weltweit rund 20 000 Mitarbeitende.

INTERVIEW

CHRISTINA BRAASE: »WIR WOLLTEN, DASS ES FLIEGT«

Welche persönlichen Erfahrungen verbinden Sie mit Jobsharing?
Bis zu meinem zweiten Kind habe ich in Vollzeit gearbeitet, danach fünf Jahre im Jobsharing in Teilzeit. Als ich dann wieder in Vollzeit arbeiten wollte, habe ich im Tandem weitergearbeitet und

zusätzlich in einem anderen Projekt, so kam ich insgesamt wieder auf 100 Prozent. In der Tandem-Rolle waren meine Kollegin und ich das erste funktionierende Pilot-Tandem.

Also wurde das Jobsharing Ihnen angeboten?
Bei Beiersdorf wurde seit Anfang der 2000er mit Jobsharing experimentiert, aber es hatte noch nicht so gut funktioniert. Wir hatten aber dann eine Vorgesetzte, die uns beiden angeboten hat, uns einen Job zu teilen, wenn ich aus dem Mutterschutz zurückkomme. Da habe ich sofort »Ja« gesagt. Ich kannte die Kollegin nur vom Flur, aber ich konnte mir das gut vorstellen, und der Job klang auch spannend.

Und so wurden Sie Pionierin im Jobsharing?
Wir hatten ja nichts damals, kleiner Scherz, aber es gab tatsächlich keine feste Regelung – wir sind organisch reingewachsen. Wir haben das einfach gemacht. Wir wollten, dass es funktioniert und dass es fliegt. Das Gefühl, nicht mehr allein zu sein, fanden wir beide großartig. Jobsharing haben wir als Privileg und Geschenk empfunden. Eine HR-Kollegin fragte uns damals nach unserem Erfolgsgeheimnis, warum es bei uns funktioniert. Sie wollte zwei zurückkehrenden Müttern aus der Elternzeit anbieten, sich eine Führungsrolle zu teilen. Über das Thema gestolpert bin ich dann wieder im »Diversity- und Inklusions-Management«. Da habe ich verstanden, dass dieses Modell etwas ist, was unsere weiblichen Talente darin unterstützt, ihre Karriere weiterzuverfolgen. Einige Vorgesetzte hatten es bis dahin auch schon als Zukunftsthema erkannt und vorangetrieben.

Ohne Vorbehalte?
Grundsätzlich ja, der HR-Bereich musste beim »Matchmaken« unterstützen, schließlich sind Führungskräfte keine Heiratsvermittler:innen. Beiersdorf war 2016 das erste Dax-30-Unternehmen,

das eine Software-as-a-Service-Lösung für Jobsharing eingekauft hat: Mit ihr haben wir für die Mitarbeitenden am Standort Hamburg einen Raum geschaffen, sich anonym »im Hintergrund« zu vernetzen und kennenzulernen, um sich dann gemeinsam auf unsere Stellen zu bewerben. Was lustig war: Die zwei Geschäftsführerinnen der von uns genutzten Jobsharing-Plattform haben uns erzählt, dass ihnen auf einer Veranstaltung von einem Mitarbeiter von Beiersdorf gesagt wurde, wie toll er es finden würde, wenn auch sein Arbeitgeber so etwas bieten würde. Und sie mussten dann sagen: »Das habt ihr schon!«

Wie kann das sein?

Da kommt das Thema »Marketing und Transparenz« ins Spiel. Das ist auch meine Empfehlung an Unternehmen: Das Thema sollte kommunikativ gut begleitet und von Anfang an in alle Prozesse mit eingespielt werden, um bekannt zu machen, dass es im Unternehmen die Möglichkeit zu Jobsharing gibt. Die Lösung über eine Plattform, die auf Wunsch anonym nutzbar ist, hat dann tatsächlich gut funktioniert. Es haben sich viele Mitarbeitende registriert und auch Tandems gebildet. Das war der Charme dieser Plattform und gleichzeitig eine Hürde, weil eine Ansprechpartnerlösung fehlte.

Und so kamen Sie ins Spiel?

Ja, tatsächlich. Wir haben uns nach Auswertung unserer Erfahrungen dazu entschlossen, uns von der Anonymität zu verabschieden und mich – unter Wahrung des Datenschutzes – als Vermittlerin einzusetzen, als »Matchmakerin« und auch als »Ambassador« im Unternehmen: Ich kümmerte mich um FAQs und interne Info-Sessions. So kann man sich erst mal vertraulich an mich wenden mit der Idee, in einem Jobsharing zu arbeiten, ohne dass irgendjemand anderes davon weiß. Das wird sehr gut angenommen.

Ich vernetze Mitarbeitende, die sich womöglich schon kennen, aber noch nicht wussten, dass sie das gleiche Ziel verfolgen. Wir machen das jetzt ganz bewusst ohne Software, sondern über den persönlichen Kontakt und auf Basis gemeinsamer Erfahrungen. Aber: Man weiß natürlich nicht, wohin die Reise noch geht, vielleicht merkt man in ein paar Jahren ja auch, dass es sowohl eine technische als auch eine persönliche Lösung braucht. Es kommt auch immer auf die Größe eines Unternehmens an – bei einem größeren Unternehmen kann eine Softwarelösung mehr Sinn ergeben als bei kleineren Unternehmen.

Hat sich der neue Weg bei Ihnen ausgezahlt?
Ja, denn so geht es bei uns schneller und effizienter, vor allem wenn man noch nicht so viele Kontakte im Unternehmen hat. Ich gebe manchmal auch den Tipp: Wen kennst du denn in deinem Netzwerk, mit wem du dir das vorstellen könntest, mit wem würdest du gern zusammenarbeiten? Wo hast du schon einmal Erfahrungen in einem Projekt gemacht? Dann denken viele darüber nach, wen sie so alles kennen. Und so berate ich dann bis zum Abschluss zwei Personen, begleite sie auf dem Weg und unterstütze, damit sie das zusammen hinbekommen.

Und wie reagieren die Vorgesetzten?
Positiv! Es kommen mittlerweile auch einige Vorgesetzte von sich aus auf mich zu, zum Beispiel mit der Frage, was sie tun können, wenn ein:e Mitarbeitende:r die Arbeitszeit reduzieren möchte und dafür eine:n geeignete:n Tandempartner:in sucht.

Was sind denn Ihre Learnings, seitdem Sie Ambassador sind?
Unsere ganzen Erfahrungen zeigen, dass das Thema noch so viel Potenzial hat, weil die Zufriedenheit der Tandems einfach so groß

ist. Erster Grund: Sie können Privatleben und Beruf vereinbaren, und da geht es nicht immer nur um Familie, sondern auch um Ehrenamt oder sonstige Aktivitäten, für die man brennt. Zweiter Grund: Die Weiterentwicklung! Plötzlich ist da jemand, der einem ein ehrliches Feedback gibt. Wenn die Chemie im Tandem stimmt, nimmt man ein kritisches Feedback nicht gleich persönlich. Die Tandems regeln ja sehr viel unter sich, was es auch für Führungskräfte einfacher macht. Und die Tandems kommen immer wieder zu mir und sagen: Unglaublich, was ich schon in den ersten Monaten über mich selber und auch meine/n Vorgesetzte/n gelernt habe! Und die Mitarbeitenden von Joint Leadership, also Führungstandems, sind glücklich, weil sie eben nicht nur Feedback von einer Person bekommen, sondern von zweien. Alle Seiten profitieren davon, und das lässt mich dann auch immer gleich ganz überschwänglich werden.

Wie kann man motivierten Unternehmen die Scheu vor Jobsharing nehmen?

Das sind ganz normale Change-Prozesse, und die sorgen gern für Unsicherheiten. Wenn man Jobsharing und Joint Leadership noch nicht kennt, findet man das womöglich abschreckend und hat sehr viele Fragen. Deshalb: Man muss informieren und die »Win-win-wins« transparent machen. Und: Man muss sich davon verabschieden, Tandems anders zu behandeln als andere Arbeitnehmer – im Gegenteil, man bekommt ja einen Mehrwert. Und natürlich kommen dann ganz konkrete Fragen wie: »Was passiert, wenn eine:r geht?« Oder: »Was ist im Urlaub? Bei Krankheit?« Dabei übersehen viele: Immerhin hat man in solch einem Fall ja noch 50 Prozent, das ist ja der Vorteil gegenüber einer einzelnen Vollzeitkraft. Und bei Urlaub muss man auch nicht vorher oder nachher groß übergeben, das fällt ja weg.

Wie machen Sie das denn, wenn einer aus einem Tandem geht?
Wenn einer ein Tandem verlässt, hat der andere einen Sonder-kündigungsschutz, dann kann er oder sie in das alte Arbeitszeit-modell zurück. Oder man sucht sich eventuell eine neue Partnerin oder einen neuen Partner.

Wie läuft eine Beratung?
Einerseits biete ich sogenannte »Matchmaking Talks« an, in denen ich diejenigen, die mit anderen Interessent:innen vernetzt werden möchten, mit gezielten Fragen besser kennenlerne. Typische Fragen sind: »Was wünschst du dir von deinem Gegenüber?«, »Wie soll die Person sein, um bestmöglich zusammen zu arbeiten?«, »Was möchtest du noch lernen, was gegebenenfalls abschauen?« Wenn es um die Beratung eines »gematchten« Tandems geht, gebe ich Tipps zur Stellensuche und wie man eine gemeinsame Bewerbung kreiert, zum Beispiel mit einer Präsentation – und das ist dann auch schon ein erstes gemeinsames Projekt für das Paar, mit dem man prüfen kann, wie sich eine künftige Zusammenarbeit anfühlen könnte.
Das wird sehr gut angenommen, findet im Prozess in der Organisation auch sehr gutes Echo. Und ich empfehle den potenziellen Partner:innen, sich an dieser Stelle nicht schon zu sehr aufeinander einzuschwören, ganz nach dem Motto »festhalten und weitersuchen«. Wir sind alle erwachsen, und wenn man am Ende merkt, man möchte das doch lieber mit jemand anderem machen, ist das auch eine Entwicklung. Wenn der Vertrag dann in trockenen Tüchern ist, bietet Beiersdorf ein sogenanntes »100-Tage-Coaching« an, unabhängig davon, ob sich ein Tandem vorher schon kannte oder nicht. Damit wollen wir anfängliche Reibungsverluste minimieren. Wir empfehlen, spätestens nach einem halben Jahr Bilanz zu ziehen: Wie ist es bislang gelaufen? Haben wir das erreicht, was wir uns gemeinsam vorgestellt haben?

Welches sind denn die wichtigen Punkte für die Verträge?

Wir haben eine Checkliste für die Zeit vor dem Vertrag und nach dem Vertrag – mit zahlreichen Tipps (siehe ab Seite 76). Ein Element ist beispielsweise ein Stundenplan, in dem man festlegt, wer wann arbeiten möchte. Das wird dann im Vertrag nach Tagen festgelegt, nicht nach Stunden. Wir sind als Arbeitgeber schon sehr flexibel und bieten sehr viele unterschiedliche Arbeitszeitmodelle an, Jobsharing ist nur eines davon.

Wie ist das mit Überlappungszeiten?

Bei Beiersdorf empfehlen wir, geteilte Vollzeitrollen mit mindestens 120 Prozent zu besetzen. Hier ist jedoch die Frage, ob es wirklich ein ganzer zusätzlicher Tag sein muss. Gut eingespielte Tandems nutzen die Zeit, die sie nicht für Übergaben brauchen, vielleicht auch lieber für ein zusätzliches kleines Projekt. Wenn Mitarbeitende lieber nur 50 Prozent arbeiten möchten, haben sie für eine Vollzeitstelle dann eben nur ca. 80 oder 90 Prozent zuzüglich Überlappungszeit. Wir sind hier sehr flexibel und bemühen uns als Arbeitgeber, auf Bedürfnisse der Arbeitnehmer:innen einzugehen. Im Lauf der Zeit wird man nicht mehr so viel Überlappungszeit brauchen, weil man sich gut kennt und weiß, wie der andere antworten, entscheiden oder Dinge bearbeiten würde.

Welche Tipps haben Sie noch? Welches sind denn die wichtigen Punkte für die Verträge, die man beachten muss?

Für **Arbeitgeber:innen**: Die Partner nicht anders behandeln als andere Arbeitnehmer, außer: den Benefit sehen, dass sie zu zweit sind und die doppelte Innovationsenergie mitbringen, und dass eben 50 Prozent noch da sind, wenn eine Person ausscheidet. Da spart man ja schon sehr viel Geld für Auswahlverfahren und Onboarding-Zeiten, wenn die Rolle noch zur Hälfte besetzt ist.

Für **Arbeitnehmer:innen**: #einfachmachen. Wenn jemand große Angst hat, muss man mit anderen reden. Wenn man einmal in die strahlenden Augen eines Jobsharing-Paares geschaut haben, wie sie über sich, über ihre Arbeit, über ihre Partnerschaft sprechen, dann will das jeder sofort auch machen oder ein Tandem im Team haben: Man macht alles gemeinsam und ist eben nie mehr allein. Das ist natürlich gerade in der aktuellen Zeit wahnsinnig hilfreich. Das wird mir von so vielen berichtet, dass es so guttut, zu wissen, da ist noch jemand, der den »mental load« mitträgt. Was mir auch wichtig ist: Es ist ein Angebot für alle Mitarbeitenden, sei es für Eltern, pflegende Angehörige, wenn man zum Beispiel promovieren oder sich ein zweites Standbein aufbauen möchte. Ober eben einfach nur mehr freie Zeit für sich haben will.

Zum Thema Diversity: Gibt es in Ihrem Unternehmen auch Tandems unterschiedlichen Alters?
Wir haben ein erstes generationenübergreifendes Führungstandem, in dem die ältere Person mittelfristig ausscheiden wird und bis dahin ein junges Talent an die Führungsaufgabe heranführt. Dieses Handover-Tandem ist auf zwei Jahre befristet und profitiert gegenseitig von den unterschiedlichen Erfahrungen. Als Unternehmen geht es uns darum, das Know-how in der Firma zu halten und gleichzeitig Nachwuchs relativ reibungslos in einer neuen Rolle weiterzuentwickeln.

Dann gibt es ein anderes Führungstandem in Vollzeit, da sagen beide: Wo wir früher vielleicht abends erschöpft nach Hause gingen, gehen wir heute voller Energie. Gerade in der heutigen Zeit, in der mentale Erschöpfung ein großes und häufig unterschätztes Problem in der Berufswelt ist, sind Tandems ein probates Mittel, um die Verantwortung und auch den Stress auf zwei Schultern zu verteilen.

Christina Braase hält für ihre angehenden Tandems und interessierte Jobsharende Checklisten bereit, die die wichtigsten Fragen gleich zu Beginn klären sollen.

CHECKLISTEN:

1. **Vor dem Vertrag**
   - Beide sind mit der Bewerbung als Jobsharing-Tandem einverstanden
   - Welche Art von Tandem soll es werden?
   - Gemeinsames Führungstandem
   - Expertentandem
   - Nachfolgetandem
   - Wie teilen Sie Rollen/Aufgaben, Arbeitsstunden/-tage?
   - Vorstellungsgespräch: als Tandem oder allein?
   - Es wurde besprochen, wie Aufgaben und Projekte bearbeitet werden könnten
   - Vertretungsregelung bei Urlaub oder Krankheit?
   - 50 % Anwesenheit (üblich)
   - 100 % Anwesenheit (nicht empfohlen)
   - Tandem-Präsentation für Job-Interview ist vorbereitet (dringend empfohlen)

2. **Nach dem Vertrag**
   - Vereinbart, wie gemeinsame einzelne Aufgaben und Projekte geteilt werden können
   - Vereinbart, wie die Arbeitszeiten/-tage aufgeteilt werden können
   - Vertretungsregelung für Urlaubs- oder Krankheitszeiten besprochen
   - 50 % Anwesenheit (üblich)
   - 100 % Anwesenheit (nicht empfohlen)

- Vorbereitendes Jobsharing-Coaching möglich?
- Gemeinsame oder einzelne Postadresse(n)?
- E-Mail-Posteingang strukturiert, Regeln festgelegt, wie wer auf E-Mails antwortet
- Jobsharing-Signatur für E-Mails erstellt
- Gemeinsames Foto für Organigramm, Präsentationen?
- Peers informiert?
- Nach zum Beispiel drei Monaten: Feedback einholen, reflektieren, gegebenenfalls anpassen/optimieren
- Termin für erste Leistungsbewertung des Jobsharing-Tandems festgelegt

3. **Im Fall von Personalverantwortung**
   - Konzept erstellt, wie Sie Ihre Mitarbeiter informieren können
   - Vorbereitung eines Teamworkshops erforderlich?
   - Wer ist für wen verantwortlich (Zuständigkeiten sind klar)?
   - Regelmäßig Feedback einholen, reflektieren und ggf. anpassen/optimieren
   - Termin für erste Leistungsbewertung in den Kalendern
   - Erstellung Plattform für Zugriff auf gemeinsame Dokumente
   - Profile in sozialen Medien anpassen (zum Beispiel LinkedIn, XING), gegebenenfalls gemeinsames Profilbild
   - Interne und externe Plattformen zur Kommunikation über Ihr flexibles Arbeitsmodell nutzen (wichtige Schnittstelle: Kommunikationsabteilung)

Durch Vermittlung von Christina Braase konnten wir auch mit der Rechtsabteilung von Beiersdorf sprechen und einen Blick auf die rechtlichen Rahmenbedingungen werfen. Was auffällt:

So komplex ist das alles gar nicht. Im Vergleich zur herkömmlichen Teilzeitarbeit sind aus arbeitsrechtlicher Sicht nur einige Besonderheiten zu beachten. Manches davon mag nicht für alle Unternehmen anwendbar sein, aber auch hier sieht man: Wo ein Jobsharing-Wille ist, ist immer auch ein Weg.

JOBSHARENDE UND ARBEITSRECHT

ES GIBT IN DEUTSCHLAND SOGAR EINEN EIGENEN PARAGRAPHEN, DER SICH MIT JOBSHARING BESCHÄFTIGT: §13 TEILZEIT- UND BEFRISTUNGSGESETZ (TZBFG). DANACH KÖNNEN ARBEITGEBER UND ARBEITNEHMER VEREINBAREN, DASS MEHRERE ARBEITNEHMER SICH DIE ARBEITSZEIT AN EINEM ARBEITSPLATZ TEILEN.
JOBSHARING IST DAMIT JURISTISCH SCHON SEIT ENDE DER 90ER-JAHRE ANERKANNT.

Was sind die juristischen Besonderheiten beim Jobsharing gegenüber einem klassischen Vollzeitjob?
Bei einem klassischen Arbeitsverhältnis ist das Direktionsrecht des Arbeitgebers weitgehend, das heißt, er kann bestimmen, wann und wo ich arbeite. Das Besondere am Jobsharing ist, dass die Jobsharenden die Lage der Arbeitszeit meist zuerst unter sich und dann auch mit dem Arbeitgeber vereinbaren und damit das Direktionsrecht des Arbeitgebers einschränken. Das kann zum Beispiel in einem festen Arbeitsplan festgehalten werden und ist dann auch für den Arbeitgeber transparent und verbindlich. Insoweit kommt ihnen eine begrenzte Zeitsouveränität zu. Nur wenn die Jobsharenden sich nicht über die Verteilung der Arbeitszeit einigen können, geht das

Direktionsrecht für diesen Bereich wieder zurück an den Arbeitgeber. Ein solcher Arbeitsplan muss nicht sehr formalistisch sein. In
der Praxis kann das auch ein abgestimmter Outlook-Kalender sein.
Die Jobsharenden müssen also keinen juristischen Vertrag miteinander schließen. In der Praxis geschieht dies aber formlos, wenn
die Jobsharenden zum Beispiel ihre Arbeitszeit untereinander aufteilen und Vertretungsregelungen bestimmen.

**Habe ich gegenüber meinem Arbeitgeber einen rechtlichen An-
spruch auf Jobsharing?**
Nein, § 13 TzBfG ermöglicht nur, dass sich Arbeitnehmer und Arbeitgeber auf Jobsharing einigen.
Das unterscheidet Jobsharing von der reinen Teilzeit. Auf eine solche Teilzeit gibt es nämlich in vielen Fällen einen Anspruch gemäß
§ 8 TzBfG. Danach hat jeder Arbeitnehmer, der länger als sechs
Monate beschäftigt ist, in Betrieben mit mehr als 15 Mitarbeitern
grundsätzlich Anspruch auf Teilzeit. Nur wenn betriebliche Gründe
entgegenstehen, kann der Arbeitgeber dies ablehnen.

Verpflichtet Jobsharing zur gegenseitigen Vertretung?
Nein. Eine Vertretungspflicht ist nicht gesetzlich vorgeschrieben.
Haben sich die Jobsharenden auf eine gegenseitige Vertretung ge-
einigt, dann müssen sie dieser Pflicht natürlich auch nachkommen.
Gerade wenn ein Tandempartner im Urlaub oder krank ist, greift so
ja ein Vorteil des Jobsharings, dass dennoch ein Ansprechpartner
vor Ort ist.
Ansonsten kann auch ein Tarifvertrag, der für alle Beschäftigten
einer bestimmten Gruppe im Unternehmen gilt, eine Vertretungsregelung im Jobsharing vorschreiben.

Gibt es Besonderheiten zu Ansprüchen auf Entgelt oder Urlaub beim Jobsharing?

Nein, das richtet sich wie sonst auch nach den individuellen Arbeitsverträgen. Dort steht das Gehalt drin, entweder auf 100 Prozent berechnet oder bereits heruntergebrochen auf den Teilzeitanteil, welchen der jeweilige Tandempartner leistet.

Die Jobsharenden haben also nicht gemeinsam einen Arbeitsvertrag mit dem Arbeitgeber, sondern jeder Tandempartner hat seinen eigenen. Die Bedingungen dieses Arbeitsvertrags sind unabhängig von denen des Jobsharing-Partners.

Wir haben allerdings die Erfahrung gemacht, dass es uns als sehr homogenes Jobsharing-Paar, mit sehr ähnlichem Erfahrungs- und Ausbildungslevel, guttut, zum Beispiel Verhandlungen über eine Gehaltssteigerung gemeinsam mit unserer Chefin zu führen. So fühlen wir uns auch untereinander gleichbehandelt.

Kann ich gekündigt werden, wenn mein Jobsharing-Partner plötzlich nicht mehr mit mir im Jobsharing arbeiten will?

Nein, das verbietet § 13 Abs. 2 TzBfG ausdrücklich.

Gibt es neben dem TzBfG noch andere feste juristische Regelungen für das Jobsharing?

Nein. Es lohnt sich aber, bei der Personalabteilung im Unternehmen einmal nachzufragen. Denn oft gibt es Jobsharing-Regeln in freiwilligen Betriebsvereinbarungen, welche die Arbeitnehmer (zum Beispiel über einen Betriebsrat) mit dem Arbeitgeber in der Vergangenheit bereits ausgehandelt haben. Dort kann dann zum Beispiel für alle Mitarbeitenden geregelt werden, für welche Mitarbeitergruppen Jobsharing angeboten wird.

PSYCHOTEST JOBSHARING – BIST DU DER TYP FÜRS JOBSHARING?

+++ Achtung Satire +++

Jobsharing ist zwar Sharing, aber vor allem auch ein Job. Leider ist nicht jede dafür gemacht, man denke da nur an Milli Vanilli. Hier der ultimative, nicht ernst gemeinte Psychotest zum Jobsharing.

PSYCHOTEST

Du gehst in eine Bar, wohin setzt du dich?

a) Du setzt dich direkt zum Barkeeper, freust dich auf seine Empfehlungen und redest mit deinen Sitznachbarn.
b) Du setzt dich an einen Tisch, an dem noch zwei Plätze bis zum nächsten Sitznachbarn frei sind.
c) Du versteckst dich auf der Toilette – einfach zu viele Leute. Erst mal durchatmen!
d) Was ist ne Bar? Was ist Alkohol?

Du hast die Möglichkeit, in einem Sport richtig durchzustarten, welchen wählst du?

a) Staffellauf
b) Zweierbob
c) Hammerwerfen
d) Pac Man

Du teilst dir mit einem Kollegen ein Büro, der muss heute früher weg, hat das aber nicht dem Chef gesagt. Jetzt will der Chef unbedingt was von ihm, wie reagierst du?

a) »Der Kollege ist gerade in einem Termin, ich kann das für ihn machen, was brauchen Sie denn?«
b) »Der kommt bestimmt gleich wieder und meldet sich dann.«
c) »Keine Ahnung, wo der ist.«
d) »Der ist schon heimgegangen.«

Du hast eine Party organisiert, jeder Gast soll etwas mitbringen und du hast um Rückmeldung gebeten, was von wem kommt, damit nicht nur Nudelsalat auf dem Tisch landet. Deine Freundin Steffi hat sich immer noch gemeldet. Was tust du?

a) Na ja, Steffi wird schon was Tolles mitbringen.
b) Du rufst Steffi an und bittest sie, ihr Essen in die Excel-Tabelle einzutragen, die du vorbereitet hast.
c) Du bist den ganzen Abend etwas schlecht gelaunt.
d) Du lädst Steffi aus.

Was ist dein Hobby?

a) Tandem fahren
b) Fahrrad fahren
c) Einrad fahren
d) Einen fahren lassen

Was ist dein Lieblingstier?

a) Der Schimpanse/der Elefant
b) Der Schäferhund

c) Der Grottenolm
d) Die Lammkeule

Was ist dein Lieblingssong?

a) You'll never walk alone
b) I did it my way
c) All by myself
d) Ich find dich scheiße

Auflösung:

Du hast am meisten a) gewählt: **»Natural Born Jobsharer«**
Herzlichen Glückwunsch, du bist geboren fürs Jobsharing. Du bist kommunikativ, teamfähig, offen für Neues und kannst auch mal einen Schritt zurücktreten.

Du hast am meisten b) gewählt: **»Future-Sharer«**
Du bist auf einem guten Weg! Du musst dich nur ein bisschen mehr entspannen und vielleicht einmal die Woche Yoga machen. Dein Ego kann öfter mal zu Hause die Spülmaschine ausräumen, während du im Büro bist.

Du hast am meisten c) gewählt: **»Solo-Artist«**
Na ja, hier ist noch Luft nach oben. Überleg doch mal, ob du nicht besser zum Beispiel in einem Museum für seltene Steine arbeiten solltest.

Du hast am meisten d) gewählt: **»Mission failed«**
Aha, wie schön, dass du dieses Buch gekauft hast, es ist aber offenbar nichts für dich.

DIE RICHTIGE AUSRÜSTUNG: VORAUSSETZUNGEN FÜR JOBSHARING

GUTE KOMMUNIKATION

Es bedarf bei einer Doppelführung ein Maximum an wechselseitigem Vertrauen und die Fähigkeit, die Rollen im Zweifel auch zu trennen.
HERMANN HEMPEL, DIPLOM-PSYCHOLOGE UND COACH

Neben der Begleitung, die man mit in den Urlaub nimmt, ist die richtige Reiseausstattung nicht zu unterschätzen. Das Fehlen von Sonnencreme, Mückenschutz und Sonnenhut kann den Strandurlaub ganz schnell vermiesen. Auch schlecht: Das zu kleine Zelt beim Campen und die vergessenen Klopapierrollen für die Ferienwohnung, wenn man nach Ladenschluss angereist ist. Wie für einen gelungenen Urlaub braucht man also auch für gutes Jobsharing genau das richtige Gepäck.

Von Inga Höltmann haben wir bereits gelernt: New Work heißt auch »Komplexität«. Huch, denkt man da im ersten Moment, klingt sehr komplex und nach viel Kommunikation, um die Komplexität nicht im Chaos versinken zu lassen. Und: Genau so ist es. Das Gute daran: Das Ergebnis ist besser.

Kommunizieren im Tandem ist vielschichtig. Man muss vielleicht kein Kommunikationspsychologe sein und täglich Friedemann Schulz von Thun[11] lesen, aber ein paar Gedanken darf man sich schon machen. Stichwort Metakommunikation. Der kluge Paul Watzlawick[12] hat mal den Satz aufgeschrieben: »Jede Kommunikation hat einen Inhalts- und einen Beziehungsaspekt, wobei Letzterer den Ersteren bestimmt und daher eine Metakommunikation ist.« Ha! Heißt? Die Metakommunikation ist wichtiger als die eigentliche Information: Deshalb ist es im Tandem entscheidend, die Augenhöhe zu wahren, mit dem Gegenüber auf der gleichen Ebene zu bleiben. Die Tandempartner:innen sind gleichwertig, ebenbürtig, einander weder über- noch unterlegen. Das heißt auch, dass man sich vom ersten Schritt an gegenseitig auf Augenhöhe begegnen muss – inklusive seiner eigenen Stärken und Schwächen.

Lydia: Es war ganz am Anfang unseres Tandems: Erst mal große Freude, dass es tatsächlich klappt und wir gemeinsam ins Abenteuer gemeinsames Teamlead starten können. Aber dann kam der Downer: Rebecca sollte innerhalb des BR eine organisatorische Sonderfunktion im digitalen Bereich übernehmen. Eine Aufgabe, die eine Schnittstelle und nicht unbedeutend für die eigentliche Stelle als Teamlead der Einheit »Film digital« war. Aber Rebecca sollte das allein machen – die Funktion gemeinsam auszuüben sei nicht vorgesehen und auch eine Stellvertreterin nicht erlaubt. Wir standen vor einem Dilemma: Wie sollte es uns gelingen, den Job gleichmäßig zu teilen, wenn eine von uns zusätzliche Aufgaben und Funktionen hatte, die die andere dann zwar inoffiziell ausfüllen konnte, deren Arbeit aber nicht anerkannt und im Haus akzeptiert wurde? Schnell kamen wir zu dem Schluss: Es geht nicht. Und wir fingen an zu nerven. Wir schrieben lästige E-Mails, aus welchen Gründen wir beide das gemeinsam machen mussten. Wir sprachen mehrere Führungspersonen an, denen wir immer wieder erklärten, dass wir ab jetzt eine Stelle teilen würden und genau deshalb beide in dieser Funktion tätig sein könnten. Denn nur so, das war uns klar, würden wir die Augenhöhe gewährleisten können, auf der wir uns täglich begegnen sollten. Und unsere Hartnäckigkeit hat sich ausgezahlt: Tatsächlich bekamen wir irgendwann eine Nachricht, in der stand, dass es auf einmal kein Problem mehr sei, die Funktion gemeinsam zu übernehmen. Und so sitzen wir jetzt immer noch abwechselnd in der dazugehörigen Sitzung und informieren die andere, die diesmal nicht dabei war. Und wir wissen, dass es sich gelohnt hat, dafür zu kämpfen, dass wir beide organisatorisch und strukturell gleich aufgestellt sind und auch innerhalb unserer Organisation so wahrgenommen werden.

WERTSCHÄTZUNG UND KLARHEIT

Die auf Gegenseitigkeit beruhende Wertschätzung ist ein permanentes Auseinandersetzen mit Fragen wie: Wie gehen wir miteinander um? Was beschäftigt uns momentan? Kommunizieren wir transparent und ehrlich? Eine Grundhaltung, die das Tandem verinnerlichen muss. Das respektvolle Annehmen innerhalb des Tandems bedingt auch die Kommunikation nach außen. Wie kommunizieren wir als Führungstandem dem Team gegenüber? Welche Wirkung hat unsere Kommunikation auf das Team? Wie geht es dem Team? Was beschäftigt das Team? Wie läuft die Kommunikation im Team? Wertschätzt sich das Team selbst?

Wir kommunizieren also nach innen und nach außen als Tandem. Wenn man uns als Beispiel nimmt, sind wir zum einen Teamleaderinnen, zum anderen Kolleginnen in der gleichen Position. Je nach Adressatin muss man also durch gute Kommunikation seine Bedürfnisse klar und konkret formulieren.

Offenheit dem eigenen Kommunikationsverhalten gegenüber zu entwickeln und sich selbst kritisch zu beobachten, kann helfen, Learnings abzuleiten und diesen unterschiedlichen Rollenfunktionen gerecht zu werden.

> ## »KLARE KOMMUNIKATION«
> **KLARHEIT FÜR DIE MITARBEITER:INNEN UND KOLLEG:INNEN BEDEUTET:** ORIENTIERUNG GEBEN, ZIELE BENENNEN, DIE MIT AUFGABEN VERBUNDEN SIND, ERWARTUNGEN FORMULIEREN.
> **KLARHEIT FÜR DIE/DEN TANDEMPARTNER:IN BEDEUTET:** STETS HÖCHSTE TRANSPARENZ. EMOTIONEN UND GEFÜHLE AUSSPRECHEN. ALLE ERFORDERLICHEN INFORMATIONEN WERTSCHÄTZEND WEITERGEBEN, ABFRAGEN ODER EMPFANGEN.

Drücke ich mich klar aus? Habe ich gut zugehört? Interessiere ich mich? War ich empathisch genug? Habe ich ehrlich geantwortet? Habe ich klar mein Bedürfnis oder meinen Wunsch geäußert? Man macht dadurch einen kommunikativen Lernprozess durch.

Lydia: »Das habe ich nicht verstanden, wie du das mit dem neuen Format auf Facebook meinst.« Eigentlich ein total einfacher, logischer Satz, der ja nur klar machen sollte, dass ICH es nicht überrissen hatte. Das dachte ich mir zumindest, bis ich mit Rebecca zusammenarbeitete. Denn irgendwann erklärte sie mir, dass ich relativ häufig mit dem »Nicht-Verstehen« daherkomme und sich das – wie ich es betone – für Rebecca so anhört, als seien die Teammitglieder nicht besonders fähige Menschen, die es eben nicht schaffen, ihre Info rüberzubringen. Seitdem überlege ich mir sehr genau, ob ich sage, dass ich ein Projekt »nicht verstehe«. Ich meine ja meist: »Kannst du mir das noch mal erklären?« Mit dieser Formulierung gehe ich eher in das Fragende anstatt in das Urteilende. Nur eine kleine Anekdote, die beweist, wie sehr das Arbeiten im Tandem einen beeinflussen und bereichern und eine zusätzliche Feedback-Ebene darstellen kann. Denn oft sind es die Zwischentöne, die den Kurs einer Besprechung oder den Ausgang eines Projektes bestimmen. Natürlich kann man nicht immer auf jede Empfindsamkeit im Team eingehen, aber gleichzeitig ist es wichtig, immer wieder zu checken, ob das, was man versucht auszudrücken, auch so beim Gegenüber ankommt. Und beim Jobsharing kann man live gespiegelt bekommen, wie man selbst mit seinen Worten und seiner Körpersprache wahrgenommen wird. Klar, dass die wenigsten Teammitglieder der Chefin offen sagen, wenn sie sich in der Wortwahl vergreift oder ruppig rüberkommt. Die Tandempartnerin schweigt hier aber eher nicht (soll sie auch nicht!) und garantiert im Idealfall lebenslanges Lernen an der eigenen Kommunikation.

DIE MASSE MACHT'S

Im Tandem ist es unerlässlich, dazu bereit zu sein, viel zu kommunizieren und sich tatsächlich mit dem Thema Kommunikation auseinanderzusetzen. Wer sagt wem was, wie und warum? Wer ungern kommuniziert, ist im Tandem falsch aufgehoben, davon sind wir überzeugt. Aber wer jetzt glaubt, im Tandem geht die ganze Zeit fürs Quatschen drauf, der irrt. Diese Masse an Kommunikation bringt das Tandem und das Team erst richtig in Schwingung, der Austausch wird immer besser, die Nachrichten kürzer, und im Idealfall ist man irgendwann so gut in der Metakommunikation, dass man enorm effizient wird und eben durch die gute und unkomplizierte Kommunikation Unmut, Fehlentscheidungen und schlechte Laune verhindert.

Lydia: »Kind ist im Wasser, jetzt kann ich wieder sprechen.« Es war mal wieder der ganz normale Wahnsinn, der täglich über jeden hereinbricht, der Kinder hat. Rebeccas Tochter hatte Schwimmkurs, musste dorthin gefahren, umgezogen und natürlich motiviert werden, um überhaupt mitzumachen. Gleichzeitig brannte die Hütte: Eine wichtige Mail musste raus, und der letzte Feinschliff fehlte. Also Tochter nix wie ins Wasser und zurück in die Kommunikation. Wir kommunizieren ständig miteinander – auf den unterschiedlichsten Wegen: Ob WhatsApp, Facetime, MS Teams, E-Mail oder natürlich klassisch per Telefon. Je nach Dringlichkeit (bei Alarm kommt der Anruf) oder Vorsicht (»Lydia, bist du noch wach?« – da kommt die WhatsApp) über den jeweils passenden Kommunikationskanal. Und natürlich hilft es uns dabei, dass wir gern miteinander sprechen und einen ähnlichen Humor haben (der den Joballtag definitiv netter macht). Wenn wir große strategische Linien besprechen, gehen wir schon mal in Klausur und verschanzen uns mehrere Stunden zu zweit. Oder wenn wir beide tief in Projek-

ten stecken und sogar die Zeit für Übergaben knapp wird, dann gibt es mal nur schnelle Zurufe, um die wichtigsten Updates weiterzugeben. Ins Stocken aber gerät der Kommunikationsfluss niemals.

Können wir gleich nach der Sitzung noch den digitalen Fragebogen besprechen? ✓✓

Habe um 11.00 einen Anschlusstermin mit den Referenten

Ok – melde Dich einfach ✓✓

Kriege 5 Minuten Aufschub

Also schnell sprechen! Wäre jetzt verfügbar

Alles klar, ich melde mich sofort nach der Sitzung ✓✓

Lade solange das Formular hoch ✓✓

Perfekt!

🤗

MIT VERTRAUEN IN DEN FLOW

So. Jetzt läuft es ja schon gut mit der Kommunikation, da kommt noch eine weitere wichtige Voraussetzung, um das Jobsharing zum Flow-Paradies zu machen: Vertrauen. Ein großes Wort – allerdings auch wirklich von großer Bedeutung. Der Duden umschreibt Vertrauen mit dem festem Überzeugtsein von der Zuverlässigkeit einer Person. Genau dieses Überzeugtsein muss man erst mal hinkriegen: Die Fähigkeit, jemandem vertrauen zu können, kommt nicht von heute auf morgen und kann nicht einfach abgerufen werden. Diese Fähigkeit muss man sich erarbeiten und zwar in mehreren Schritten.

KENNENLERNEN

Wenn man sich nicht kennt, ist es ratsam, sich am Anfang viel Zeit füreinander zu nehmen. Sich zunächst ein paar Stunden ins Café zu setzen und sich zu unterhalten. In Pandemie-Zeiten ist es vielleicht auch der ausgiebige Spaziergang im Park. Die Persönlichkeit der anderen auszuloten, sich über Charakteristika, Schmerzpunkte, Haltungen auszutauschen. Die fachliche Expertise zu checken, Gemeinsamkeiten und Unterscheide zu erkennen. Sich auszutauschen über Arbeitsweisen und den Umgang mit Mitarbeitern. Und das meinen wir ganz wörtlich. Es ist Gold, sich gegenseitig zu fragen und ehrlich miteinander zu sein. Das bringt das Job-Tandem nach vorn und kürzt viele Wege ab. So stellt man fest, ob eine gemeinsame Werte-Basis und ein ähnlicher Arbeitsethos vorhanden sind.

Wir kennen mittlerweile viele Beispiele von Tandems, die sich vor dem Jobsharing nicht kannten und trotzdem superschnell im Vertrauensmodus angekommen sind.

Im Fall von Lydecca war es ein relativ einfacher Start, da wir uns gut kannten und privat befreundet waren. So war es sicher ein leichter Einstieg ins Jobsharing, weil schon ein großer Vorschuss an Vertrauen da war. Trotzdem ist es etwas anderes, sich im Job zu vertrauen, als Freundinnen zu sein.

Lydia: Ich erinnere mich noch genau an das erste Treffen mit Rebecca: Ich war frisch von Berlin nach München gezogen und hatte den Job innerhalb der Firma gewechselt, für die auch Rebecca arbeitete. Mein erster Tag bei dem Jugend-TV-Format begann mit einer Redaktionssitzung, in der ich mich vorstellte und mir die sehr junge und lustige Runde genau ansah. Eine der Kolleginnen lächelte mich freundlich und offen an: Rebecca. Noch konnte ich natürlich nicht ahnen, dass sie einmal meine Workwife werden würde. Wir wurden gleich in ein Team gewürfelt und schnell wurde klar, dass wir nicht nur privat einiges gemein hatten (wir waren zum Beispiel beide frisch verheiratet, was für viele der anderen jungen Kolleg:innen schon »ziemlich alt« bedeutete), sondern auch beruflich gut miteinander klarkamen. Ich habe schnell gemerkt, dass sie einen ähnlichen Anspruch hat, ihren Job gut zu machen. Genau wie mir ist es ihr wichtig, die beruflichen Anforderungen ernst zu nehmen und möglichst schnell zum Ziel zu kommen. Und dennoch vergisst sie nie, dabei das Team im Auge zu haben, um zu garantieren, dass alle am gleichen Strang ziehen. Trotz alledem war es am Anfang im Jobshare ein Rantasten. Wie schreibt sie eine E-Mail an die Chefin? Oder an die Kollegen aus der Innovationsabteilung? Wie reagiert sie auf bestimmte Anfragen, und was regt sie wirklich auf? Zu sehen, dass wir auf eine gemeinsame Basis aufbauen, uns so sehr vertrauen und auch Reibungspunkte ansprechen können, hat uns gerade am Anfang sehr geholfen.

SELBST-FLEXIBILISIERUNG

Wenn man auf sein bisheriges Berufsleben zurückblickt, das man klassisch auf einer Einzelstelle verbracht hat, mag es sich zunächst komisch anfühlen, ab jetzt alles mit jemandem zu teilen. So sehr das Arbeitsmodell des Jobsharings einem selbst Flexibilität schenkt, es fordert auch Flexibilität ein. Darauf muss man sich einstellen und Lust haben. Denn nur wenn das Tandem nach außen und innen eine gewisse Formbarkeit aufweist, kann es einander auch vertrauen. Das heißt auch manchmal, dass man den eigentlich freien Tag opfert und alle privaten und beruflichen Pläne über den Haufen wirft, weil die Partnerin plötzlich krank ist. Das ist nicht immer einfach, hat aber einen phänomenalen psychologischen Effekt:

Rebecca: Es war ein kalter Januartag, kurz vor einer großen Veranstaltung, die wir begleiten sollten. Ich saß im Büro, mir stieg Schwäche in die Gliedmaßen, und mein Kopf fing an zu glühen. Wenige Stunden später lag ich flach und hatte 39 Grad Fieber.
Was für ein unglaublich gutes Gefühl zu wissen: Der Laden läuft – und zwar geräuschlos – auch ohne mich weiter! Lydia übernahm alle Vorbereitungen, holte Unterstützung ins Boot und meisterte das hohe Arbeitspensum allein. Zu jedem Zeitpunkt wusste ich: Es ist okay, dass ich krank bin. Das hat mich sehr erleichtert.

EGO KAPPEN ZUGUNSTEN DES TANDEM-PARTNERS

Eine gesunde Portion Selbstbehauptung gehört dazu, wenn man ein Team leitet, es ist sogar eine Voraussetzung dafür.

Wenn man sich einen Teamlead teilt, ist es allerdings noch gesünder, sein Ego ab und an etwas zu kappen. Mal einen Schritt zurückzutreten und dem Tandem-Partner genügend Platz freizuhalten.

Dem Gegenüber diesen Raum zu geben schafft Vertrauen, weil man sich darauf verlassen kann, dass der andere einem den gleichen Platz einräumt. Sich von der One-Woman-Show zu verabschieden, hat außerdem den automatisch eintretenden Vorteil, sich nicht zu wichtig zu nehmen.

Wenn man diese drei Ratschläge beachtet, wächst das Vertrauen im Jobshare. Dann lassen sich die Jobshare-Partner auch nicht mehr so leicht von außen aus der Ruhe bringen: Weder von Teammitgliedern, die versuchen, die eine gegen die andere auszuspielen, noch vom Chef, der wieder vergessen hat, die andere cc zu setzen. Wenn man sich vertraut, dann erzählt die eine der anderen sofort das Verpasste, da gibt es keinen Wissensverlust, der Keile in das Verhältnis treiben könnte.

Und es entsteht, sozusagen als Gegenprodukt, ein stetig wachsendes Loslassen. Man entspannt sich zunehmend und genießt es nahezu, wenn ein To-do, das beide betrifft, durch nur einen Teil des Tandems erledigt wird.

Rebecca: Am Anfang haben wir uns ständig E-Mails zur Vorabnahme geschickt, da wir sichergehen wollten, dass die andere auch Bescheid weiß und ihre Meinung noch mal dazu sagen kann. Mittlerweile haben wir ein so großes Vertrauen zueinander, dass wir uns nur noch wenige solcher vermeintlich wichtigen E-Mails zur Abnahme schicken und manchmal einfach nur froh sind, bloß cc zu sein und sich zu denken: »Das hat sie jetzt aber mal wieder super gemacht.«

GEMEINSAM INTERVIEWT:

»WIE GUT KENNT IHR EUCH WIRKLICH?«

Welches war der erste Job von ...
... Rebecca?
Lydia: Im Baumarkt Sachen einsortieren.
Rebecca: Stark, richtig!

... Lydia?
Rebecca: Puh, weiß ich nicht, Flyer verteilen?
Lydia: Ich hab babygesittet bei Sophie.

Welches war der zweite Job von ...
... Rebecca?
Lydia: Da war sie bei Burda und hat in irgendeiner Kochredaktion mitgearbeitet.
Rebecca: Boah, die kann echt gut zuhören.

... Lydia?
Rebecca: Ich weiß es nicht, ich weiß es wirklich nicht.
Lydia: Ich hab mal Unkraut gejätet und hab auf dem Memminger Jahrmarkt das Grüne von den Erdbeeren entfernt, und zwar von 3000 Erdbeeren pro Tag.
Rebecca: Hätte ich dir da geholfen, wären wir doppelt so schnell fertig geworden.

Was war ein Job deines Tandem-Partners, bei dem du »Wow« gesagt hast, ...

... Lydia?

Rebecca: ZDF-Auslandsstudio London.

Lydia: Einmal hat mich in London fast ein Lkw erwischt; das mit dem Linksverkehr habe ich auf dem Fahrrad nicht so auf die Reihe bekommen.

... Rebecca?

Lydia: Dass sie unter 30 und schon CVD war.

Welches war der kürzeste Job im Studium von ...

... Lydia?

Rebecca überlegt lange.

Lydia antwortet selbst: Das ist schwer: Flyer verteilen in Berlin. Und ehrlich: Die hab ich alle in den Müll geschmissen.

Rebecca: Ich lerne noch heute von Lydia, die wichtigen von den unwichtigen Sachen zu unterscheiden.

... Rebecca?

Lydia: Da bin ich ziemlich blank. Bei Studiosus war sie lange, sie ist einfach so konsistent ehrgeizig und zuverlässig.

Rebecca: Es ist wie Lydia sagt, ich bin überall lange, weil ich mich identifiziere mit meinem Auftraggeber.

Was hast du als Berufswunsch ins Poesiealbum geschrieben, ...

... Lydia?

Rebecca: Bezaubernde Jeannie.

Lydia: falsch. Opernsängerin war's.

Rebecca: Knapp daneben ist auch vorbei.

... Rebecca?

Lydia: Großgrundbesitzerin, so ein Riesenhof mit Tieren und eigenem Wald.

Rebecca: Auch falsch. Freie Künstlerin habe ich geschrieben.

Lydia: Auch ganz knapp vorbei!

Was war dein schlechtestes Fach in der Schule, ...

... Lydia?

Rebecca: Religion!

Lydia: He, da hab ich Abitur gemacht! Chemie wäre richtig gewesen!

... Rebecca?

Lydia: Auch Chemie?

Rebecca: Nicht nur, bei mir lief weder Physik, Mathe noch Chemie ...

Warum Vertrauen gerade im Jobsharing so wichtig ist, bestätigt auch Hermann Hempel. Er ist Diplom-Psychologe, Coach und Trainer. In Führungsfragen und gruppendynamischen Prozessen berät er Firmen und Einzelpersonen. Und eben auch die Autorinnen.

INTERVIEW

HERMANN HEMPEL:
»IN DER RICHTIGEN ROLLE«

Was braucht gute Führung?

Führung funktioniert, wenn die Führungskraft von den Mitarbei-ter:innen akzeptiert wird.

Das gelingt unter anderem, wenn es wechselseitig hohes Vertrauen gibt sowie Ziele, denen alle zustimmen. Idealerweise existiert eine gemeinsame Teamvision, in der sich jedes Teammitglied mit der persönlichen Vision wiederfindet.

Es geht dabei auch um verschiedene Rollen. Können Sie das erklären?

Wichtig für gute Führung ist die Klarheit in der Rolle, die die Job-sharing-Partner als Teamführung besetzen. Grundsätzlich gibt es drei verschiedene Rollen: erstens die Organisationsrolle inner-halb eines Betriebs, also welche Stellung und Funktion sie in der Organisation besetzen (Abteilungsleiter, Redakteur, Schichtleiter, Direktor).

Zum zweiten handeln sie aus ihrer Professionsrolle. Das ist die Rolle, die sie aufgrund ihrer Ausbildung innehaben. Ein Techni-ker schaut eben anders auf die Welt als ein Biologe oder eine Mu-sikerin.

Schließlich die private Rolle, also die Rolle, die sie als Vater, Ehe-frau, Bruder, Vertraute, Freundin etc. einnehmen.

Rollen sind komplexe Erwartungs-Zuschreibungen, sowohl von der Person an sich selbst wie auch vom Umfeld. Ich gebe mal ein

Beispiel: Wenn ein Richter morgens schlechte Laune hat, weil er nicht gut geschlafen hat, ist das für seine private Rolle natürlich unangenehm. Aber wenn er sich seine Robe überzieht als Zeichen dafür, dass er jetzt in seine Organisations- und Professionsrolle wechselt, muss er seine schlechte Laune mit der alten Rolle ablegen. Er oder sie sollte einen Angeklagten ja nicht deshalb mit einem höheren Strafmaß belegen, weil er oder sie ihm unsympathisch sind oder er einfach schlechte Laune hat.

Warum ist das gerade beim Jobsharing so wichtig?
Die größte Herausforderung oder Gefahr ist, dass hier nicht nur die Organisations- und Professionsrollen, sondern auch die privaten Rollen miteinander geteilt oder vermischt werden.

Zunächst sind die Personen auf einer Hierarchie-Ebene vordergründig Kollegen und damit scheinbar gleichberechtigt. Es ist jedoch nicht so, denn die KollegInnen unterscheiden sich hinsichtlich Alter, Dauer der Betriebszugehörigkeit, Fachkompetenz etc. teils sehr deutlich voneinander.

Im Jobsharing braucht man also in der Führung Menschen, die ähnliche »Merkmale« aufweisen oder die mit den Unterschieden gut umgehen können. Zusätzlich kann durch die viele gemeinsame Arbeitszeit, gemeinsame Verantwortung und auch die Abhängigkeit voneinander ein starker privater Bund entstehen. Das Private kann dann das Berufliche überlagern oder dominieren. Kommt dann eine Konfliktsituation, kann diese das System sprengen.

Es bedarf also bei einer Doppelführung ein Maximum an wechselseitigem Vertrauen und die Fähigkeit, die Rollen im Zweifel auch zu trennen. Ich könnte Ihnen Dutzende Beispiele aus meinem Trainer- und Coachingalltag nennen, in denen die fehlende Trennung zwischen den Rollen zu großen Lösungsschwierigkeiten führte.

Was ist in Ihren Augen die größte Herausforderung bei einer Doppelführung?

Doppelspitzen sind ja immer wieder gescheitert, denn es gibt ein psychologisches Grundproblem in Bezug auf die Mitarbeiter: Je nachdem, als wie selbstverantwortlich und autonom sich die einzelnen Mitarbeiter:innen begreifen, kann es aufgrund von unerledigten persönlichen Geschichten dazu kommen, dass sie das Führungstandem mit den eigenen Eltern verwechseln; die Mitarbeiter:innen übertragen also unbewusst ihre früher erlebte Situation mit den eigenen Eltern auf das Führungstandem. Interessanterweise ist es dabei unerheblich, wie das Tandem bezüglich der Geschlechter zusammengesetzt ist.

Kinder lernen sehr früh die Unterschiede zwischen Mama und Papa; sie haben gelernt, wie man Eltern gegeneinander ausspielt. (»Der Papa hat das aber erlaubt«, »Der Michi darf das aber gucken« etc.) So kommt es – meist unbewusst – zu Spaltungsversuchen des Leitungstandems.

Wichtig ist also, dass die Mitarbeiterinnen und Mitarbeiter das Gefühl haben, dass kein Blatt zwischen die Führungskräfte passt. Wenn es Differenzen gibt, müssen die transparent und offiziell besprochen werden. Bei unterschiedlichen Meinungen geht das Führungstandem also vor dem gesamten Team in die Auseinandersetzung, bis es geklärt ist oder die unterschiedlichen Positionen wertschätzend nebeneinander bestehen dürfen. Spaltungsversuche werden da hinfällig. Oder das Führungstandem klärt unterschiedliche Ansichten im Hintergrund und tritt dann mit einer One-Voice-Policy vor das Team.

STRATEGIE UND VISION

Jeder hat seine eigene Art, ins Ausland aufzubrechen: Manche planen ihre Urlaubstage haargenau durch und haben schon Wochen im Voraus das Abendessen für den zweiten Tag gebucht. Andere starten ohne Unterkunft, vielleicht sogar ohne Bahnticket, und trampen einfach los. Aber egal wie, jeder braucht eine Vorstellung, wie denn die Zeit weg von zu Hause aussehen soll. Mit Locals Tapas in der Bar am Hafen essen oder lieber autark im Zelt nur den Mond als Begleiter haben? Jeder hat – auch wenn er sie nicht immer artikuliert – eine Idee von der vielleicht kostbarsten Zeit des Jahres. Und wir empfehlen eine solche Vision ganz besonders dem Jobtandem. Eine Vorstellung des konkreten gemeinsamen Zieles zu entwickeln, zu besprechen und zu verfolgen ist gerade für den Start als Tandem essenziell.

Der Philosoph Erich Fromm hat es so formuliert: »Wenn das Leben keine Vision hat, nach der man sich sehnt, dann gibt es auch kein Motiv, sich anzustrengen.«[13]

Welche Werte sind uns wichtig? Welche Ziele verfolgen wir? Wie kommen wir dahin? Das zu diskutieren, zu drehen und zu wenden und schließlich in einem prägnanten Satz zu formulieren, das führt zu einer glasklaren gemeinsamen Vorstellung davon, was man erreichen will. Diese Zukunft mit einer gemeinsamen Strategie anzusteuern und zu wissen, dass man sich zusammen auf dem Weg dorthin befindet, stärkt das Wir-Gefühl des Tandems.

Wichtig ist in diesem Zusammenhang, die Vision auch regelmäßig wieder rauszuholen oder im Idealfall sogar an einen schönen Ort zu pinnen, um sie vor Augen zu haben. Und immer wieder zu checken: Sind wir noch auf dem richtigen Weg? Verfolgen wir beide noch die gleichen Ziele? Ist uns etwas abhandengekommen? Und ganz essenziell: Sind wir noch beide am Start?! Funktioniert das Tandem? Oder will jemand sich umorientieren? Mit einer regelmäßigen Bestandsaufnahme, idealerweise mit einem coachenden Blick von außen, bleibt man auf der Zielgeraden oder findet zumindest wieder dorthin zurück, falls man sie kurzfristig verlassen haben sollte.

VISION – WHAT?

In sechs Punkten zur gemeinsamen Vision

- In Klausur gehen: Einen ganzen Tag freinehmen, um nur an der Vision zu arbeiten.
- Über Ziele, Themen, Probleme diskutieren: Was stört, was ist gut? Was soll anders oder besser werden? Wie soll es anders werden?
- Festlegen: Die wichtigsten Punkte priorisieren, alles rausschmeißen, was nicht klar ist.
- Die Vision in EINEM klaren Satz formulieren.
- Mindestens fünf strategische Unterziele festlegen. Die sollten die Vision stützen und einen zeitlichen Horizont haben.
- Halbjährlich all das überprüfen.

Auch hier lohnt sich der Einsatz eines Coaches, der die Diskussion moderiert, der hilft, die Themen herauszukitzeln, der priorisiert, nachfragt und am Ende beide zu einer essenziellen und verbindlichen Aussage bringt.

FLEXIBILITÄT PAR EXCELLENCE

Kommunikation, Wertschätzung, Vertrauen, Vision und Strategie – all diese Punkte basieren auf einer Voraussetzung, die im New-Work-Bereich überhaupt eine große Rolle spielt und im Jobsharing auf die Spitze getrieben wird: der Flexibilität. Ein Jobsharing-Tandem braucht Flexibilität nach innen und nach außen.

Außen: Das Unternehmen, in dem das Tandem tätig ist, muss lernen, dass eine Stelle von zwei Personen besetzt ist: Die Personalabteilung, die Vorgesetzten, die Mitarbeiter, die Kollegen, das Netzwerk. Alle müssen sich flexibel zeigen in der Akzeptanz einer neuen Struktur, die nicht dem Herkömmlichen entspricht. Alle müssen offen dafür sein, ihre Arbeitsprozesse an das Tandem anzupassen. Wichtig: Diese Flexibilität kommt nicht zwingend von allein, das Tandem sollte sich trauen, sie einzufordern (nach oben und unten) und braucht das Commitment und die Unterstützung von oben.

B.A. (Kollege aus der Digitalen Entwicklung, BR): *Es ist gut zu wissen, dass auch wenn ich nur mit einer von euch beiden rede, die andere mit hoher Wahrscheinlichkeit ebenfalls up to date bleibt. Es fehlt vielleicht manchmal eine gemeinsame E-Mail-Adresse, weil man einfach immer an eine von euch beiden schreibt. Das ist so im Kopf, auch wenn es simpel ist, an euch beide zu schreiben. Aber das lernt man dann mit der Zeit ;-).*

Innen: Beide Teile müssen sich bereit erklären zu reagieren, wenn die andere es einfordert. Das fängt bei einem einfachen Krankheitstag an und endet in der Corona-Zeit bei der 14-Tage-Quarantäne. Bereit sein, Löcher schnell zu stopfen und die andere zu entlasten, wenn es hart auf hart kommt. Auch die Arbeitsweise ist nicht mehr eindimensional, sondern hat zwei Handschriften. Beide müssen ihre unterschiedlichen Arbeitsstile akzeptieren. Die eine ist vielleicht strukturierter, die andere mag es lieber nicht zu festgezurrt. Die Tandempartnerinnen müssen sich diesen Gegebenheiten öffnen und flexibel sein, was den daraus resultierenden Arbeitsalltag betrifft. Eine gewisse Anpassungsfähigkeit, die Bereitschaft zum Mut zur Lücke, die Lust auf Neues und die Befreiung aus einem unbeweglichen System machen das Jobsharing zu einem innovativen Prozess, der beide Persönlichkeiten fordert und aneinander wachsen lässt, wenn sie diese Flexibilität zulassen. So entsteht eine permanente Weiterentwicklung, die am Ende allen Beteiligten zugutekommt.

WIE DAS LEBEN ALS MANN EINER TANDEM-PARTNERIN IST

(UND VERMUTLICH IST/WÄRE ES AUCH ALS FRAU EINES JOB-SHARENDEN MANNES NICHT ANDERS)

Von Martin Zöller, Journalist und Autor

Weil wir unter uns sind, zunächst mal ein Bekenntnis: Bevor ich dieses Buch gelesen habe, habe ich eigentlich nicht wirklich verstanden, was meine Frau angeblich so anders macht, wie sich ihr Arbeitsmodell von herkömmlicher Teilzeit unterscheidet und wie komplex die Tandem-Arbeit ist. Ich dachte: Na ja, sie arbeitet halt etwas weniger als vor den Kindern, hat dafür einen echt coolen Job und mit Lydia spricht sie sich halt ein bisschen ab. Und jetzt also ein Buch? Okay? Wird irgendwas zu tun haben mit »Arbeit«, bepustet mit Feenstaub aus New-Work-Vokabular. Und jetzt, nach der Lektüre?

Jetzt soll ich darüber schreiben, wie das Leben mit einer jobsharenden Frau ist. Da kann man eigentlich nur verlieren: Die Leser (»dieser Schleimer!«) oder die Frau (»spinnst du?«). Deshalb fange ich an, wie man leider viele Fragen heute angeht: mit googeln. »Vollzeit Eheprobleme«: 393000 Treffer. »Teilzeit Eheprobleme«: 55400 Ergebnisse. Friede Freude Eierkuchen? Ja, Jein und Nein.

Zunächst »Nein«, kein Friede Freude Eierkuchen: Als Mann einer jobsharenden Ehefrau muss man sich darauf gefasst machen, dass man selber auch Teil des »Sharings« ist. Denn schließlich hat die Frau ja dank des Jobsharing-Modells einen verantwortungsvolleren Job als das häufig in klassischen Teilzeit-Jobs der Fall ist. Und dieses Verantwortungsgefühl endet auch bei der jobsharenden Ehefrau nicht immer bei der Übergabe an die Tandem-Partnerin. Von der Verantwortung kann jobsharing-frau sich häufig mittelgut trennen: Das freiwillige »einfach noch mal in die Mails schauen« müsste inhaltlich vermutlich seltener sein als gedacht, verursacht aber fieserweise ein Stress-Level auf Vollzeit-Niveau und verhindert, dass frau den Kopf wirklich frei hat für Kind, Kegel, Kraft, Kaffee, Kunst, was auch immer. Und: Kann die Ehefrau noch mühsam daran gehindert werden, auch außerhalb »ihrer« Zeit den Laptop aufzumachen (»Sag mal, ich dachte, ihr habt ne Übergabe gemacht?«), stößt die Fürsorglichkeit an ihre Grenzen, wenn dann eben beim Pärchenabend per WhatsApp mit dem Team bzw. der Partnerin Kontakt gesucht wird. Kurzum: Meine – vermutlich sogar »die« – jobsharende Ehefrau arbeitet häufig zu gern, als dass sie sich immer an die eigenen Grenzen – und die hier im Buch gepredigten Thesen – halten würde.

»Jein«, fast Friede Freude Eierkuchen: Mit einer jobsharenden Partnerin ist der Alltag nicht so wie in der Studenten-Mensa, in der man das Essen getrennt und portioniert ins zu Schalen gepresste Tablett gekippt bekommen hat, der Alltag ist eher »insalata mista«, und, das ist ja positiv: Ich mag insalata mista. Manchmal sind die Kinder der Jobsharing-Partnerin krank, was bedeutet, dass doch die eigene Ehefrau diesen oder jenen Termin machen muss, heißt, dass der Ehemann sich irgendwie den späteren Nachmittag freischaufeln muss, um den Transfer der eigenen Kinder zu jenem Kinderchor zu ermöglichen, zu dem sie eigentlich gar nicht wollen. Für manche mag das furchtbar klingen, ich mag es aber grundsätzlich, mit mehreren Bällen zu jonglieren und »Unmögliches« auch noch irgendwie auf die Reihe zu kriegen – deshalb ein »Jein«. Was das Privatleben angeht: Da ist das Leben mit einer Jobsharing-Frau wie Running Sushi: Man muss versuchen, vorn an der Ausgabe zu sitzen und sich frühzeitig freie Wochenend-Abende zu sichern, weil frau eigentlich am liebsten auch noch ihre Wochenenden mit der Jobsharing-Partnerin und ihren Teammitgliedern verbringt.

»Ja«, Friede Freude Eierkuchen: In der Suchmaschine meines Lebens bekäme die Suchanfrage »Jobsharing Eheprobleme« sagen wir mal acht Treffer: Zwei für plötzliche Panikanrufe (»Ich hab einen Termin vergessen!« – »Aber macht den nicht L.?« – »Nein!«), zwei für zu viel Arbeit zwischendurch außerhalb der geplanten Arbeitszeit, zwei für zu viele digitale Süchte, und zwei für – äh, ja was eigentlich noch? Nee, eigentlich nix. Dann sind es doch nur sechs Treffer für »Jobsharing Eheprobleme« in meinem Leben. Glückwunsch zum Jobsharing! Glückwunsch zum Buch, best ~~Work~~-Wife!

SONNE, MEER UND BERGE: ALLES BEKOMMEN DURCH JOBSHARING

EXOTENSTATUS

Es war die Erfindung eines Kollegen, mit dem wir eigentlich wenig Kontakt im Joballtag haben. Wir sahen uns auf einer größeren beruflichen Veranstaltung, als er uns anstrahlte und uns mit den Worten begrüßte: »Da sind sie ja, unsere Glamourtwins.« Uns blieb nur erfreut zu grinsen. Glamourtwins!

Wir haben das als großes Kompliment empfunden, weil wir zu der Zeit noch nicht so lange ein Tandem waren und viele uns mit großen Augen anschauten, wenn wir erklärten, wir würden im Jobsharing arbeiten. Unser geschätzter Kollege hat damit aber auch gezeigt, dass er nicht nur unseren Kleidungsstil gut findet (das haben wir zumindest so interpretiert), sondern dass er uns als Einheit wahrnimmt: als Zwillinge, untrennbar im Alltag und in dem, was sie tun. Genau das, wollten wir natürlich in unserer Position ausstrahlen. Weiter hat uns das auch gezeigt, dass uns das Konstrukt des Tandems eine Art Exotenstatus liefert. Denn natürlich fällt man dadurch mehr auf. Gerade in einem großen Unternehmen kann man so mehr Sichtbarkeit für sich und seine Projekte erhalten. Diese Karte darf und soll man sogar ganz aktiv spielen. Auffallen und sich dadurch mehr Gehör verschaffen und die Chance haben, seine Ideen durchzusetzen.

Diese kleine Anekdote soll aber nur der Start sein in das Kapitel, das zeigt, warum sich Jobsharing lohnt. Denn – ohne zu übertreiben liefert dieses New-Work-Modell einfach Vorteile ohne Ende:

BESSERE WORK-LIFE-BALANCE

Es liegt auf der Hand, muss aber trotzdem hier erwähnt werden, weil es einfach so großartig ist: Geteilte Arbeit ist weniger Arbeit. Sprich: Das Arbeitsvolumen wird einfach deutlich kleiner, wenn auch nicht immer halbiert; schließlich darf man die wichtigen Übergaben nicht vergessen.

Nichtsdestotrotz: Die meisten Jobsharer arbeiten in Teilzeit und verbringen also nur einen Teil ihres Lebens mit Arbeit. Nach der bereits dargestellten britischen Studie »The Job Share Project« sind es sogenannte »family changes« wie Hochzeit, Geburt oder Pflege der Eltern, die meist der Auslöser für Jobsharing sind.

Aber es gibt unendlich viele Gründe, warum man in einem Job-sharing arbeiten kann: Wenn man Zeit braucht – sei es für die Yogaausbildung oder den Hausumbau – oder schlicht und einfach, weil ja irgendjemand die Oma betreuen muss. Menschen können also nach dem Lebenskonzept leben, das ihnen am nächsten ist. Oder weil es gar nicht anders handlebar ist, wie zum Beispiel bei notwendiger Care-Arbeit für Kinder oder Eltern.

Jobsharing ermöglicht es Menschen, Eindrücke außerhalb ihres Arbeitsraums zu sammeln, weil sie eben nicht Tag und Nacht vor dem Rechner sitzen und ihre Gedanken um die immer gleichen Projekte kreisen. Dadurch, dass Menschen im Jobshare zum Bei-spiel ehrenamtlich tätig sind, sich selbst verwirklichen oder eige-nen Jobprojekten in ganz anderen Bereichen nachgehen, bringen sie neue Impulse, Kontakte und damit Bereicherungen in ihren Arbeitsalltag mit.

Aber auch ein Jobsharing in Vollzeit kann bereichern: Wenn man sich zum Beispiel hälftig eine Leitungsposition teilt und jeder die anderen 50 Prozent mit operativem Geschäft auffüllt, um nicht zu weit weg von der Praxis zu sein. So können beide Führungserfahrung sammeln und bekommen trotzdem noch genau mit, was an der Basis des Unternehmens passiert. Und verlieren somit nicht die Bodenhaftung, die Routine und die Erfahrung im operativen daily business.

JOBSHARING MACHT HAPPY

Wir beide sind einfach nur glücklich und dankbar über die Chance, uns eine verantwortungsvolle Stelle teilen zu können. Wir haben zum einen Zeit, uns um unsere Familien zu kümmern, mal beim Schwimmkurs dabei zu sein oder genug Muße zu finden, einen coolen Kindergeburtstag mit Schnitzeljagd durch den Wald auf die Beine zu stellen. Und gleichzeitig haben wir eine Stelle, die uns fordert und uns die Möglichkeit gibt, aufzusteigen. Manchmal nennen wir unsere Work-Life-Balance auch liebevoll »Life-Life-Balance«. Nicht nur, weil wir beide wahnsinnig gern zusammenarbeiten, sondern auch, weil wir uns als Menschen und Coworkerinnen schätzen und gemeinsam mehr Spaß haben als allein; weil wir den Teil der Zeit, die wir mit Arbeit verbringen als genauso wichtigen Teil unseres »Lifes« wahrnehmen. Und natürlich lieben wir es, am Nachmittag den selbst gebauten Zoo aus Plastiktieren zu bestaunen, mal um 17 Uhr Sport zu machen oder nicht total gehetzt Einkäufe zu erledigen. We ♥ our Life-Life-Balance.

Ergänzt sei hier noch, dass es Jobsharende laut der »The Jobshare Project Research Studie« aus Großbritannien schaffen, leichter abzuschalten von der Arbeit, weil sie ja wissen, dass auch, wenn sie nicht in charge sind, ihr Business in guten Händen ist. Wir können das nur bestätigen: Hat eine von uns freitags frei, wissen wir, dass der Laden trotzdem läuft und dass man es wirklich lassen kann, in die E-Mails zu schauen.

10 GLÜCKSMOMENTE VON LYDECCA

1. Genau zu wissen, was die andere gleich sagen wird und einfach zu schweigen.

2. Teamtag mit unserem gesamten Team im Sommer 2021. Wir konnten uns trotz Corona endlich wieder mal in persona treffen. Dabei bekamen wir von allen sehr positives Feedback. Das konnten wir zusammen erleben und annehmen und hatten doppelt Freude daran.

3. Wenn wir gemeinsam aus einer nicht ganz einfachen Sitzung kommen und uns abklatschen, weil es richtig gut gelaufen ist.

4. Das Kind ist krank und man kann komplett ohne schlechtes Gewissen die heutige Sitzung an die andere abgeben.

5. Unsere gemeinsamen Feedbackgespräche: Zusammen zu zeigen, was wir geschafft und uns aufgebaut haben.

6. Die Weihnachtsfeier fürs Team vorbereiten und jeden einzeln bedichten, und so zusammen Wertschätzung zeigen.

7. Gemeinsam öffentlich über Jobsharing sprechen und merken, wie wir andere inspirieren und stärken.

8. Im Ping Pong etwas erklären, die Argumente sprühen lassen und den Flow spüren.

9. Als Team wiedererkannt werden. »Ach, ihr seid doch Lydecca« hören, wenn man zur Tür reinkommt.

10. Nicht zu wissen, was die andere gleich sagen wird und trotzdem zu schweigen.

»Sharing is caring.« Was für ein kluger Satz, der in so vielerlei Lebenslagen gilt. Und klar, auch beim Reisen. Denn gemeinsam in dunkler Nacht die Glühwürmchen am Wasserfall zu bestaunen ist nicht nur megaromantisch, sondern auch ein Erlebnis, das einen für immer verbindet. Gemeinsam auf eine Reise zu gehen, für niemanden gilt das mehr als für Natalie Kauther und Adrian Pollmann. Und das nicht nur im übertragenen Sinne.

INTERVIEW

NATALIE KAUTHER UND ADRIAN POLLMANN: »WIR HABEN DAS GEFÜHL, DASS WIR IM BERUF EINE PERSON SIND«

Sie sind das erste Tandem auf höchster politischer Ebene in Deutschland: Natalie Kauther und Adrian Pollmann sind seit August 2020 gemeinsam deutsche Botschafter(in) in Slowenien. Nachdem das Paar mit drei Kindern zunächst als Tandem in einer Stellvertreterposition in der Botschaft in Bosnien und Herzegowina tätig war, ist es jetzt im Wechsel für die deutsche Botschaft in Ljubljana verantwortlich.

Ein Botschafter-Tandem klingt ungewöhnlich. Wie kam es dazu?
Kauther: Wir hatten sehr anspruchsvolle Jobs, die wenig Zeit für unsere Kinder ließen. Die haben sich zu Recht bei uns beklagt, dass wir immer weg sind.
Pollmann: Und wir merkten, die Zeit, in der unsere Kinder überhaupt was mit uns unternehmen wollen, ist bald unwiderruflich vorbei. Ich lag nachts wach und hatte das Gefühl: »»Mist, mir rinnt die Zeit davon.« Wir wussten, dass wir das jetzt machen müssen oder gar nicht mehr.
Kauther: Wir gingen dann auf die Personalabteilung zu und wollten ein Jobsharing-Modell ausprobieren.

Gab es Gegenwind?
Pollmann: Ehrlich gesagt überhaupt nicht. Hier muss man den damaligen Außenminister Heiko Maas und seine Büroleiterin

ausdrücklich loben. Sie haben es sich zum Ziel gesetzt, Frauen zu fördern und die Bedingungen im Auswärtigen Amt familienfreundlicher zu machen. Es braucht für so etwas einen Minister, der sich auch bewusst dafür einsetzt.

Wie war sonst die Reaktion auf das Botschafter-Tandem?
Kauther: Große Augen gab es schon, aber auch eine große Offenheit. Slowenien musste dem Modell ja zustimmen, sonst wären wir nicht hierher versetzt worden. Gerade in diplomatischen Kreisen sehen viele in unserem Jobsharing einen Vorbildcharakter. Man sagt so was wie: Wenn es selbst das große Deutschland schafft, so etwas umzusetzen, müssen wir das doch auch hinkriegen.
Pollmann: Tatsächlich gab es nie einen negativen Kommentar.

Wie funktioniert Ihr Tandem konkret?
Kauther: Wir wechseln die Funktion des Botschafters alle acht Monate. Einer von uns ist zu 100 Prozent Botschafter oder eben Botschafterin. Der oder die andere kümmert sich in der Zeit um die familiären Themen, ist aber trotzdem ansprechbar. Allerdings vertreten wir uns nicht. Wir haben eine eigene Stellvertreterin, die zum Beispiel im Krankheitsfall da ist.
Pollmann: Wenn wir wirklich beide irgendwo sein sollen, dann machen wir wegen der Kinder Termine nur zwischen acht und 14 Uhr. Wir wollen da einen Punkt machen: Wir sind eben nicht beide zeitgleich Botschafter.

Welche Tools nutzen Sie für Ihr Jobsharingmodell?
Kauther: Es gibt eine Funktions-E-Mail-Adresse des Botschafters. Die nutzt immer die Person, die in charge ist. Wenn sich also jemand an mich wendet und sagt: »Sie hatten mir doch ein Grußwort zur Ausstellungseröffnung zugesagt«, kann ich ganz einfach

nachschauen, ob mein Mann das wirklich so vereinbart hat. Außerdem gibt es nur ein Diensthandy; es muss sich also niemand eine neue Nummer merken. Weiter gibt es auch vorbereitete Mappen zu bestimmten Vorgängen, die ich dann von Adrian übernehme und worin ich nachschlagen kann.

Ein wichtiger Teil Ihrer Tätigkeit besteht im Kontakt zu Menschen. Wie funktioniert das, wenn immer nur eine(r) im persönlichen Kontakt sein kann?

Kauther: Wir sind am Anfang verstärkt als Duo aufgetreten, beide als akkreditierte Botschafter. Zu Beginn haben wir auch die Antrittsbesuche zum Beispiel beim Premierminister und den Ministerien gemeinsam absolviert. Das ist hier auch ein so kleines Land, dass eigentlich jeder weiß, dass wir das zusammen machen.

Pollmann: Bei vielen Veranstaltungen ist auch der Partner mit eingeladen, so kennen uns oft sowieso beide. Die Menschen verstehen auch, dass sie – wenn sie uns etwas erzählen – nicht noch mal von vorn anfangen müssen. Sie können da weitermachen, wo sie vorher beim anderen stehen geblieben sind.

Wie funktionieren die Übergaben?

Pollmann: Wir gehen jeden Abend mit dem Hund spazieren und bereden da viele Dinge. Gerade wenn kritische Fragen kommen, setzt unser Modell wahnsinnig enge Absprachen voraus.

Kauther: Wir tauschen uns viel miteinander aus, schon immer. Wir sind beide so intensiv in den Themen drin, dass mein Mann von heute auf morgen übernehmen könnte. Als er aktiver Botschafter war, hat er mir auch Dinge weitergeleitet und mich dazu befragt. Genauso mache ich das jetzt auch.

Wo stößt das Modell des Tandems an seine Grenzen?

Kauther: Man darf sich nicht als Konkurrenz sehen, das würde nicht funktionieren.

Pollmann: Es bedarf natürlich des Entgegenkommens des Gastlandes. Es geht einfach nicht, wenn es sich so ein Modell nicht vorstellen kann.

Haben Sie noch einen Exotik-Faktor?

Kauther: Wir werden zum Beispiel oft gefragt, was denn der Unterschied ist zwischen uns. Ich sage dann immer: »Die eine hat Haare, der andere nicht.«

Pollmann: Eher auf familiärer Ebene; bei Schulaktionen bin ich immer der einzige Mann. Und eine andere Mama hat mir gespiegelt, dass sie das erste Mal mit einem Mann ein Playdate für ihr Kind ausgemacht hat und eben nicht mit der Mama.

Sehen Sie sich in einer Vorbildfunktion?

Kauther: Ja, und wir bekommen sehr viele Rückmeldungen aus anderen Außenministerien, dass die solche Modelle planen.

Pollmann: Neulich war eine Bewerberin bei einem Vorstellungsgespräch in der Zentrale in Berlin, die uns erwähnt und gesagt hat, dass sie sich auch mit diesem Bild im Kopf beim Auswärtigen Amt bewirbt. Bald gibt es in Stockholm ein weiteres Botschafterpaar, und auf anderen Ebenen gibt es auch schon in vielen Vertretungen und in der Zentrale ein ähnliches Modell.

Das Auswärtige Amt sieht also Vorteile in dem Modell?

Pollmann: Natürlich. Es bekommt mehr für einen Posten und hat zufriedenere Mitarbeiter. Außerdem stärkt es damit seinen Ruf als moderner Arbeitgeber.

Kauther: Die Arbeit für das Auswärtige Amt verlangt einem ja viel ab: Es ist ein anstrengender Beruf, der wegen der vielen Ortswechsel wirklich an die Substanz geht. Natürlich macht es ihn noch weniger attraktiv, wenn man sich dann auch noch zwischen Familie und Job entscheiden muss. Wir sind wahnsinnig dankbar, so ein Leben in so einer Position führen zu können. So viel Familien-Qualität. Dafür sind wir natürlich bereit, alles für den Job zu geben.

Eine Kanzlerposition im Jobsharing – ginge das?
Pollmann: Wir haben am Anfang unseres Shares viel internationale Presse bekommen. Unter anderem schrieb eine italienische Zeitung, dass es wohl schwer möglich sei, sich die Botschafterstelle zu teilen. Man könne ja auch nicht als Pilot eines Flugzeugs nach der Hälfte der Flugzeit den Steuerknüppel weitergeben oder als Chirurg bei einer Herz-OP das Skalpell. Das ist natürlich übertrieben. Dennoch bin ich mir nicht sicher, ob eine Kanzlerschaft durch die Komplexität für Jobsharing geeignet wäre. Aber das sollte ich eigentlich jetzt nicht sagen, ich bin ja vom Jobsharing sehr überzeugt.

Kann ein Jobshare auch eine Belastung für Beziehung oder Familie sein?
Pollmann: Erst mal ist es eine totale Entlastung. Früher hab ich meine Kinder erst um halb neun Uhr abends gesehen. Jetzt hole ich sie von der Schule ab und erfahre, was sie erlebt haben. Ich kann direkt Anteil nehmen.
Kauther: Und wir haben keine Panik für den Fall, dass ein Kind krank ist. Wir können achtwöchige Sommerferien überbrücken und Homeschooling überstehen, weil immer einer nicht arbeitet. Ein Riesenluxus. Allerdings beschweren sich die Kinder schon immer wieder, dass wir beim Abendessen über die Arbeit reden.

Und wie reagieren die anderen im Diplomatencorps?
Pollmann: Neulich waren wir auf einem Empfang bei einem Kollegen einer anderen Botschaft eingeladen. Und mir wurde gesagt: »Du siehst so entspannt aus. Ich wünschte, unser Ministerium würde das auch machen.«

ZWEI HIRNE SIND EBEN ZWEI HIRNE

Steht eine Entscheidung an, bringen zwei Menschen ihre Meinungen und Erfahrungen mit in den Prozess ein. Jeder wirft Eindrücke und Interpretationen in den Ring; gemeinsam werden die besten Argumente gesammelt und ein neues, vielschichtigeres und abgewogeneres Bild entsteht. Die – sonst auf Führungsebene durchaus nicht seltenen – reinen »stomach analytics« werden seltener. Stellen wir ein Projekt vor oder legen eine Meinung dar, so geschieht das nie ins Blaue hinein, denn die Vorschläge sind immer aus zwei Perspektiven betrachtet, gewendet und geprüft worden.

Wenn Einzelpersonen Vorschläge pitchen, sind die oft auf einem anderen Niveau, weil viele Fallstricke noch nicht bedacht sind und mögliche Vorteile nicht ausgenutzt wurden. Ideen, die durch die zwei Brains eines Jobsharing-Tandems liefen, müssen meist nicht mehr so stark reifen, denn bei den vielen Rückfragen, die automatisch auftauchen, wenn man zu zweit ein Thema bespricht, rundet man eine Idee schon vor der Präsentation ab. Man ist effizienter, weil die Idee dann nicht noch auf großer Bühne oder in weiteren Zirkeln bearbeitet und verbessert werden muss. Durch das Sparring erhöht sich die Qualität der Entscheidungen und somit auch automatisch die Innovationsstärke eines Unternehmens.

DOUBLE-BRAIN-WORK: EFFIZIENTERE UND BESSERE ENTSCHEIDUNGEN

Mittwochmorgen, 9 Uhr. Die erste Konferenz des Tages, eine Video-Schalte mit der Chefin. Es stehen viele Themen an, doch sie kommt unerwartet mit einer ganz anderen Frage: »Wie findet ihr denn diese neue Serie in der ARD-Mediathek?«. Erst Panik bei der einen (denn sie hat die Serie nicht auf dem Schirm gehabt und auch nicht gesehen), nach einer kurzen Pause kommt aber schon die Antwort von der anderen: »Ich fand sie irgendwie nicht authentisch; nach einer Folge wollte ich nicht weiterschauen.« Ein kurzes Nicken von der Chefin, weil es ihr ähnlich ging, und weiter geht es mit dem ersten anstehenden Thema.

Ein kleiner Moment im beruflichen Alltag, der nicht kriegsentscheidend ist, der aber zeigt, dass zwei Menschen eben zwei Menschen sind und im Zweifel 100 Prozent mehr wissen. Ganz konkret: Eine von uns hat mit hoher Wahrscheinlichkeit die Serie gesehen, das Paper gelesen oder die Info mitgekriegt. So kommen wir beim Gegenüber zusammen oft als interessierter und informierter rüber. Dieses Beispiel zeigt im Kleinen, was es bedeutet, wenn zwei Menschen sich eine Funktion teilen: Statt einem Gehirn stehen für die gleichen Aufgaben eben zwei Gehirne zur Verfügung. Das klingt nach einer Binsenweisheit, hat aber bei genauer Betrachtung viele Vorteile:

EIN MENSCHLICHES, NAHBARES TEAMLEAD

Das hat auch Auswirkungen auf das Team. Denn das sieht nicht mehr die EINE Person, die sich vor die versammelte Mannschaft stellt und das selbst erdachte Ergebnis verkündet. Das Team erlebt zwei Menschen, die eine Idee vorstellen und den Weg, wie sie zu dieser Idee gekommen sind, gleich mit. Hier wird also klar, dass es keine One-Man-Show ist, sondern ein komplexer Prozess, bei dem nicht nur ein anderes Bild von Führung, sondern auch flachere Hierarchien entstehen. Die Führungsperson ist hier ein ganz normaler Mensch, der genau so zweifelt, überlegt und Fehlentscheidungen trifft. Durch das Einbeziehen des Teams in diesen Prozess entsteht das Bild von Führung nach dem Vorbild von New Work: Transparente Prozesse ermöglichen Teilhabe und holen die im schlimmsten Fall sogar gefürchtete Chefin von ihrem Sockel.

ZWEI GEHIRNE, ZWEI LEBEN

Wenn zwei Menschen eine Stelle teilen, fließen zwei unterschiedliche Persönlichkeiten in einen Job. Zwei unterschiedliche Biografien, zwei unterschiedliche Ausbildungen, zwei unterschiedliche Arbeitsansätze. Das Beste aus diesen beiden Welten findet den Weg in den Arbeitsprozess.

Das sieht man besonders bei Tandems, bei denen Paare aus ganz unterschiedlichen Altersklassen aufeinandertreffen, zum Beispiel wenn einer in Rente geht und den anderen als Teil des Tandems in die Abläufe und Prozesse der Stelle einführt. Diversity ist hier das Stichwort der Stunde: In einem Tandem lassen sich Menschen unterschiedlicher Herkunft, Sexualität, Kultur und Lebensformen zu einer Funktion verbinden – und so Erfahrungen generieren, mit denen natürlich auch die unterschiedlichsten Menschen (also eben auch Kunden) besser erreicht werden können.

SIEBEN FRAGEN, DIE JOBSHARER IMMER ZU HÖREN BEKOMMEN UND DIE SCHLAGFERTIGSTEN ANTWORTEN

- Macht ihr eigentlich alles zusammen?
  Klar, was dachtest du jetzt?

- Geht ihr auch zusammen aufs Klo?
  Immer.

- Haben wir eigentlich gesprochen gestern oder war das deine Partnerin? Ihr klingt ja auch so gleich.
  Mist, jetzt hab ich mir extra die Haare gefärbt, damit das endlich aufhört.

- Bist du gerade in charge oder soll ich das die andere fragen?
  Gegenfrage: Bist du in charge?

- Wer von euch kommt denn eigentlich in die nächste Sitzung?
  Unser Alter Ego ist auf jeden Fall da. Ansonsten sei gespannt!

- Streitet ihr eigentlich nie?
  Vermutlich würden wir das ausgerechnet dir nicht sagen.

Ein reales Reiseziel für viele ist das Allgäu im Süden Deutschlands. Dass es dort nicht nur Kühe, Berge und Kässpätzle gibt, sondern auch brutale Verbrechen, wissen wir dank der beiden Erfolgsautoren Volker Klüpfel und Michael Kobr. Zwei waschechte

Allgäuer, die ganz vorn dabei sind bei der geteilten Arbeit. Seit 2002 schreiben sie gemeinsam Bestseller, meist Regionalkrimis um den Allgäuer Kommissar Kluftinger. Sie haben über 7,5 Millionen Bücher verkauft und schwören auf das Arbeiten im Tandem: »Zu zweit zu sein ist immer ein Vorteil.«

INTERVIEW

VOLKER KLÜPFEL UND MICHAEL KOBR: »DER VOLKER MACHT DEN SHOWDOWN, DER MICHI DIE AUTOS«

Was ist der größte Vorteil am Jobsharing?
Klüpfel: Wir arbeiten ja im kreativen Bereich, und zwei Köpfe produzieren mehr Ideen als einer. Das ist sicher eine Bereicherung.
Kobr: Und man muss eine Idee auch immer vor dem anderen rechtfertigen, da findet automatisch eine Überprüfung statt. Außerdem muss man nie einsame Entscheidungen treffen. Man hat immer einen Partner, der jede Entscheidung mitträgt.

Man wollte euch am Anfang eurer Karriere als Schriftsteller bei Lesereisen oft in ein Doppelzimmer packen. Gibt es sonst noch Nachteile am gemeinsamen Arbeiten?
Klüpfel: Jeder von uns verdient halt nur die Hälfte. Alles, was wir bekommen, geht immer durch zwei. Und das wäre schon schöner, würde man immer alles kriegen.

Kobr: Die andere Seite der Medaille, keine einsamen Entscheidungen treffen zu müssen: Man muss sich eben immer einig werden.

Seht ihr Schwierigkeiten im Leben als Autorenduo?

Kobr: Dass wir zusammen schreiben, übt auf andere eine gewisse Faszination aus.

Klüpfel: Gerade beim Start war das eher ein Bonus, weil es irgendwie exotisch war.

Wie schreibt man zu zweit ein Buch?

Klüpfel: Wir arbeiten zu zweit an der Ideenfindung und erarbeiten einen groben Rahmen, teilen die Szenen auf. Jeder schreibt anschließend für sich, und wir schicken die Texte dann dem anderen.

Wie sieht eure Arbeitsstruktur konkret aus? Seht ihr beiden denn auch Schwierigkeiten im Leben als Autorenduo?

Klüpfel: Wir skypen vormittags werktäglich und sprechen einzelne Szenen durch. Skypen hat sich als viel ertragreicher rausgestellt als sich persönlich zu treffen oder als zu telefonieren.

Kobr: Vielleicht, weil man keinen Treffpunkt braucht; zu Hause sind ja die Kinder oder die Frauen, und man hat trotzdem den Riesenvorteil, sich und die Reaktionen des anderen zu sehen.

Gibt es eine inhaltliche Aufteilung?

Klüpfel: Generell nein. Jeder schreibt alles und kann auch unabhängig davon, ob der andere schon die Szene davor fertig hat, weiterschreiben – weil wir uns vorher genau absprechen. Aber wir haben auch Spezialgebiete, wenn beispielsweise was mit Autos kommt, macht das der Michi. Da kennt der sich besser aus.

Kobr: Und Showdown kann der Volker besser!

Habt ihr eine Strategie?

Klüpfel: Die Idee ist, dass der Text am Ende so klingen soll, als hätte ihn ein Autor geschrieben.

Kobr: Deshalb bearbeiten wir das, was der andere schreibt sehr intensiv, damit alles einen gemeinsamen Ton bekommt. Nach ungefähr fünf Jahren haben wir das perfektioniert.

Gab es Konflikte?

Klüpfel: Am Anfang haben wir uns mit ausgedruckten Manuskripten getroffen und genau besprochen, was wir am anderen Text nicht gut fanden.

Kobr: Wir haben uns echt viel gefetzt am Anfang. Unser erstes Buch wäre wohl nicht entstanden, wenn wir nicht schon den Vertrag gehabt hätten. Wir haben uns immer wieder zusammengerauft, weil wir das gemeinsame Ziel hatten. Wir wollten schreiben, wir wollten es unbedingt.

Klüpfel: Wir haben gemerkt, wie schwer es ist, zu akzeptieren, wenn dem anderen etwas nicht gefällt. Da gibt es ja keine Formel, das ist ja nicht nachprüfbar. Jetzt schicken wir uns die Versionen der Texte und arbeiten dran und schicken sie einfach wieder zurück.

Verändert einen Jobsharing?

Klüpfel: Wir sind teamfähiger und selbstkritischer als viele Kollegen.

Wie geht ihr mit gemeinsamen Erfolgen um?

Klüpfel: Gerade da ist es super, nicht allein zu sein. Denn niemand versteht es so gut, was es bedeutet, ein Buch zu schreiben, das dann Erfolg hat. Auch nicht die eigene Frau.

Kobr: Wir zwei können uns zusammen unendlich über Sachen wie den ersten Platz auf der Bestsellerliste freuen. Das nutzt sich nicht ab.

Wie geht ihr mit Konflikten um?

Klüpfel: Kreative Konflikte entscheidet die Lektorin, als kreative Schiedsstelle. Wir schreiben dann zwei Versionen – ohne ihr zu sagen, welche von wem ist –, und sie entscheidet. Jeder muss sich verpflichten, diesen Schiedsspruch dann auch zu akzeptieren.

Kobr: Und auf persönlicher Ebene muss man die Probleme ansprechen. Das ist wie bei einer Lebensgemeinschaft. Man darf Schwieriges nicht ewig hinziehen oder schlucken, sondern muss das Gespräch suchen.

Was würdet ihr jungen Autorenduos raten?

Klüpfel: Nimm dich etwas mehr zurück, denn die Mischung macht's.

Kobr: Kappt euer Ego und stellt das gemeinsame Projekt in den Mittelpunkt. Wenn es gut läuft, habt ihr gemeinsam den großen Erfolg. Und: Wir haben das geschafft, dann schafft es jeder.

Ein Jobsharing-Schlusswort?

Kobr: Bei uns ist das ein Geborgenheitsgefühl wie in einer langen Ehe: Wir schauen uns nicht immer an, aber in die gleiche Richtung.

SUPERKRÄFTE INKLUSIVE

Da ist er, dieser extreme Moment. Der Moment, wenn sich plötzlich Dinge überstürzen, Projekte unübersichtlich werden und dann auch noch das daily business reingrätscht. Der Moment, in dem ein Normalsterblicher verzweifelt, aber der Jobsharer im besten Fall die Nerven bewahren kann. Sind zum Beispiel zwei wichtige Termine zeitgleich, ist das für ein Tandem kein Problem. Rebecca geht dann ins Treffen mit den Personalern, während Lydia bei der

Chefin berichtet. Zwei unverschiebbare gleichzeitige Termine kann eine Person nicht wahrnehmen. Das ist der Beweis: Jobsharer haben Superkräfte, da kann Marvel einpacken.

KEINE VAKANZ DURCH KRANKHEIT ODER URLAUB

Ist ein Teil des Tandems krank, kann die andere Person geräuschlos übernehmen, weil ja beide in den Projekten drin sind. Aber nicht nur Abwesenheit durch Krankheit kann problemlos aufgefangen werden, auch in den Ferien ist immer Ersatz da. Die Urlaubstage eines Arbeitnehmers in Deutschland belaufen sich im Durchschnitt auf 28 Tage pro Jahr[14] für eine Vollzeitkraft – und in genau dieser Zeit ist im Tandem trotzdem immer jemand erreichbar. Insgesamt sind das mit den durchschnittlich zehn Tagen, die ein Arbeitnehmer pro Jahr krank ist, fast 40 Tage, also acht Wochen, in denen er komplett fehlt und seine Stelle unbesetzt bleibt. Im Jobsharing geschieht das nicht. Das Unternehmen hat keinen Moment Stillstand, da immer ein Ansprechpartner da ist, der helfen kann, und das ganz ohne die Einarbeitungszeit, die eine normale Vertretung in so einem Fall braucht.

GRENZENLOSE ERREICHBARKEIT

Da wir im digitalen Bereich arbeiten, wissen wir das Modell Jobsharing ganz besonders zu schätzen: Denn – Überraschung – das Internet schläft nicht. Kommentare trudeln auch nachts ein, technische Probleme gibt es am liebsten am Wochenende. Wie angenehm ist es da, wenn man nicht allein dasteht und vor dem runden Geburtstag der Mama eben nicht die Notfall-Einsatzzentrale am Handy übernehmen muss? Wie gut ist es, wenn die andere übernimmt, die zwar auch lieber mit der Familie im Freibad wäre. Aber die ist dann eben das nächste Mal befreit von einem Wochenend-Einsatz.

Rebecca: Wenn so ein Notfall passiert und eine von uns ein wichtiges Event hat, müssen wir nicht lange diskutieren. Dann ist klar, dass die andere übernimmt, und am Ende sind beide froh, wenn wir es irgendwie hinbekommen haben, ohne die wichtigen privaten Dinge über den Haufen werfen zu müssen.

SORRY, WIR SIND MAL KURZ SPASSBREMSEN

Und trotzdem müssen wir hier kurz zu Spielverderberinnen werden. Denn so sehr uns das Bild von uns als in wehendem Umhang über die Stadt fliegenden Superwomen auch gefällt, wird sind es leider doch nicht. Damit wollen wir sagen, dass auch wir mal nicht erreichbar sind, auch wir Pausen brauchen und mal nicht ans Telefon gehen können. Denn man hat – so ging es zumindest uns – die Tendenz überzukompensieren und mehr leisten zu wollen als eine Person. Einfach aus der Dankbarkeit gegenüber dem Arbeitgeber heraus, weil wir dieses Arbeitsmodell leben dürfen. Aber dennoch ist es wichtig, auch seine Grenzen zu kennen und ernst zu nehmen. Man muss auch nicht nur bei Übergaben und Sitzungen, sondern auch beim Grenzenziehen diszipliniert sein, damit man einfach mal offline sein kann (wir sprechen hier aus Erfahrung).

WIR LEGEN DAS WORKLOAD-MONSTER AN DIE KETTE

Lydia: Es war ein großartiges Projekt, das ich übernommen hatte. Ich war mit Leidenschaft dabei, aber wie so oft bei leidenschaftlichen Projekten wurde aus der Teilzeitstelle vorrübergehend eine Vollzeitstelle. Das Großartige war, dass Rebecca in dem Moment als felsenfestes Back-up da war. Sie übernahm die wichtigen Sitzungen, machte Reportings an meiner Stelle fertig und hielt alles am Laufen. Alle Dinge wurden erledigt, und auch der emotionale Druck war dadurch geringer. Da war ich einfach froh, dass dieser Teil lief und ich dafür nicht auch noch arbeiten musste. Das war für mich der best case im Job-sharing: Nämlich jemanden zu haben, der einem im Notfall den Rücken freihält.

Solche Situationen sind typisch für Bereiche, die durch Projekt-arbeit geprägt sind. Wenn die Arbeitsbelastung für einen gewissen Zeitraum enorm ansteigt, lässt sich das im Jobsharing besser kompensieren. Während sich die eine auf das Projekt fokussieren kann, sorgt die andere dafür, dass alle anderen Dinge weiterlaufen und die anstehenden Aufgaben erledigt werden. Das sorgt nicht nur dafür, dass der temporäre, ungewöhnlich hohe Arbeitsaufwand besser bewältigt werden kann, sondern auch dafür, dass niemand ein Burn-out erleidet. Frei nach dem Motto: Geteilte Arbeit ist halbe Arbeit.

WISSENSTRANSFER UND FEEDBACK

Wie sind die Strukturen eines Unternehmens, was die diversen Workflows, wer die richtigen Ansprechpartner? Je nach Größe einer Firma dauert es Wochen bis Monate, bis man sich allein mit den internen Strukturen und Vorgaben zurechtgefunden hat. Es dauert einfach, bis sich die Mitarbeitenden das für das Unternehmen relevante Wissen aneignen. Und all das geht natürlich verloren, wenn jemand den Betrieb verlässt. Sprich: Jemanden neu einzuarbeiten dauert lange. Oft entstehen Lücken, die über lange Zeiträume hinweg nicht geschlossen werden können und so Arbeitsstaus an anderen Stellen entstehen lassen.

Was wäre nun, wenn jemand zum Beispiel zwei Jahre bevor er in Rente ginge langsam reduzieren würde und die Stunden, die er nicht mehr arbeitet, von einer zweiten Person auffüllen ließe? Also eine Art Mentoring-Tandem zum Renteneintritt, eine Junior-Senior-Konstellation, bei dem das Wissen der Person, die das Unternehmen verlässt, an ein neues Teammitglied weitergegeben wird. Der Newbie hat natürlich einen deutlich einfacheren Start im Unternehmen, findet sich schneller zurecht und verkürzt so die lange Phase der Orientierung, in der man noch nicht so produktiv sein kann.

Das kann auch bei Tandems mit unterschiedlichen beruflichen Hintergründen gut funktionieren. So kann gerade bei innovativen Aufgaben ein Team mit völlig unterschiedlichen Ausbildungen und anderen Erfahrungshintergründen nicht nur vielfältigere Perspektiven auf die zu lösenden Aufgaben und Probleme einbringen. Beide Jobsharende können sich auch gegenseitig upskillen, also ihre fachliche Erfahrung weitergeben. Jobsharing kann also gezielt als Tool für die Weitergabe und die Verbreiterung von Wissen eingesetzt werden.

Das wirklich Besondere am Jobsharing passiert aber ganz leise, eigentlich die ganze Zeit. Denn in keiner anderen Lebenssituation hat man die Möglichkeit, einen Menschen so genau dabei zu beobachten, wie er arbeitet – weil er ja das Gleiche oder etwas Ähnliches tut wie man selbst.

Rebecca: Ich sehe ja in Lydia als direktem Gegenüber, wie sie eine Sache angehen würde, in welchen Schritten und mit welchen Gesprächspartnern. Ich schaue quasi in ihren Kopf und erlebe einen direkten Abgleich mit meiner Vorstellung, die in der Regel anders ist. Das ist eine sofortige Bereicherung, weil ich immer eine Alternative aufgezeigt bekomme.

Es ist ja bekannt, dass viele Wege zum Ziel führen, aber direkt zu verstehen, wie andere Menschen ticken und arbeiten, ist ein großes Plus für jedes Tandem. Jede und jeder bringt neue Arbeitsformen mit, die abgeglichen und so perfektioniert werden. Genau so wird Jobsharing zum Innovationsmotor für das Unternehmen.

Lydia: Ich habe mich durch Rebecca weiterentwickeln können. Ich selber bin eher die Planerin, die alles vorher durchdenkt. Durch Rebecca habe ich gelernt, wie viel man gewinnen kann, wenn man bestimmte Dinge nicht sofort entscheidet und Prozesse einfach auch laufen und auf sich zukommen lässt. Mein super exklusives privates Coaching!

Ähnlich ging es auch Google-Managerin Elly Oldenbourg, die bereits in verschiedenen Tandem-Konstellationen gearbeitet hat: »Was ich im Jobsharing gelernt habe, habe ich an Qualitäten in meinen vorherigen Jobs als ›Einzelkämpferin‹ viel schwieriger lernen können. Gerade die Kompetenzen, die immer wichtiger werden und in der New-Work-Blase gern um sich geworfen werden, Kollaboration, Agilität oder Empathie, werden im Jobsharing auf die Spitze getrieben, weil man wirklich voneinander abhängig ist: ›Wir‹ zählt wirklich mehr als ›Ich‹.« Außerdem erzählt sie im Interview: »Man lernt transparenter und konkreter zu sein sowie weniger Politik zu betreiben. Man schärft nicht nur die eigenen Qualitäten, sondern lernt ständig dazu, weil man immer jemanden an seiner Seite hat, der die Dinge anders sieht, aber eben auch Feedback gibt.«

Rebecca: Oft sind es ganz kleine Dinge, wie zum Beispiel, dass Lydia mich auf eine flapsige Bemerkung hinweist, die im Team nicht so gut ankam. Ich habe mit ihr ein Korrektiv an meiner Seite, das mir auch mal sagt, wenn ich etwas verbasele. So lerne ich ungemein. Feedback zu bekommen, quasi einen Dauer-Coach zu haben, der einen begleitet, lobt und korrigiert: Das ist schon ziemlicher Luxus.

INTERVIEW

ELLY OLDENBOURG, GOOGLE-MANAGERIN UND SIDEPRE-NEURIN: »DOPPELT STARK IN MEHREREN TANDEMS«

Elly Oldenbourg ist Managerin bei Google, hat eine Ausbildung als Coach, ist Speakerin und Beraterin für New Work, Diversität und Non-Linearität. Weiter nennt sie sich selbst »Sidepreneurin«, also Entrepreneurin für die vielen Dinge, die sie (zum Teil auch ehrenamtlich) neben ihrem eigentlichen Job bewirkt und gestaltet.

Du hast bereits zweimal im Tandem gearbeitet. Gab es dabei Unterschiede?

Natürlich, denn es waren ja zwei verschiedene Menschen, und jeder Mensch bringt ein neues Set an Erfahrungen mit. Jedes Mal wurden die Konstellationen neu austariert, und natürlich verschoben sich auch die Aufgabenbereiche: Beim ersten Tandem sind wir beide wirklich wie eine Person aufgetreten, wir waren sehr eng und haben uns nur einzelne Aufgabenbereiche aufgeteilt. Beim zweiten Tandem haben wir uns stärker nach unseren Talenten und

Kompetenzen aufgestellt und waren eher zwei Personen mit dem gleichen Ziel. Beides hat wunderbar geklappt – und zwar für alle Beteiligten: das Unternehmen, unsere Kunden und uns selbst.

Du inspirierst und berätst Unternehmen zu Themen wie New Work und Diversität. Warum, glaubst du, wird Jobsharing noch nicht so stark gefördert?

Das hat meiner Beobachtung nach sowohl kulturelle als auch strukturelle Gründe. Zum einen ist es ein zu enges Mindset, das eine Kultur für Arbeitsmodelle abseits der Norm nicht gerade fördert. Wenn wir uns mal erinnern: Wie viele Leute durften vor Corona im Homeoffice arbeiten? In den allermeisten Unternehmen kaum jemand, wenn überhaupt als Ausnahme – Homeoffice war maximal hier und da geduldet. Und so ist es, glaube ich, auch beim Jobsharing. Es ist, ähnlich wie Teilzeit auch, stark stigmatisiert. Es gibt einfach die oft unausgesprochene Sorge – leider häufig auch hinter vorgehaltener Hand, man will ja nicht un-innovativ scheinen –, dass zwei Headcounts auf einer Stelle ein Risiko sein könnten, zum Beispiel weil es zwischenmenschlich nicht passt, weil der Abstimmungsaufwand zu hoch ist, weil die Komplexität vermeintlich zunimmt.

Daneben sehe ich noch das strukturelle Thema: Die allermeisten Performance-, Zielvereinbarungs- oder HR-Prozesse sind auf eine Person genormt. In einem DIN-Land wie Deutschland erst recht. Ein Tandem ist in den meisten Systemen nicht vorgesehen und damit nicht abbildbar. Anstatt diese Hindernisse zu umgehen und Prozesse und Bürokratien nicht zum Killer neuer Jobmodelle zu machen, wird oft lieber argumentiert, dass diese Experimentierfreudigkeit dem Unternehmen zu teuer kommen würde.

Du sagst über Jobsharing: »Die Taktik geht runter, die Transparenz rauf.« Was meinst du damit?

Jobsharing ist für mich Kollaboration auf die Spitze getrieben. Und Kollaborationsfähigkeit ist eine der Kompetenzen, auf die es in der Zukunft maßgeblich ankommt. Denn unsere (Arbeits-)Welt erlebt durch die Digitalisierung und Maschinisierung einen radikalen Wandel, der zu mehr Spezialgebieten und mehr Silos, aber auch weniger Jobs insgesamt führen wird. Jobsharing ist in meinen Augen ein total probates Mittel, um sich genau darauf vorzubereiten: Arbeit sinnvoller verteilen und währenddessen auch noch die weiteren Zukunftskompetenzen schulen, auf die es so sehr ankommen wird: Kollaboration, Agilität, Empathie-, Resilienz- oder ständige Lernfähigkeit. Sehr viele Menschen wären auch schlichtweg ausgeschlafener und gesünder, was nicht nur ihre Jobperformance, sondern auch alle anderen Bereiche in ihrem Leben verbessern würde.

Das klingt zwar ein bisschen wie eine Utopie, aber ich stelle mir vor meinem inneren Auge gern eine Welt vor, in der Jobsharing die Norm ist. In der man das »Ich« wirklich als Kraft von etwas Größerem, vom »Wir« versteht. Klar, unser default ist erst mal nicht darauf gepolt: Wir sind es gewohnt, dass jeder seine Lorbeeren, seine Note für den eigenen Erfolg oder Misserfolg bekommt. Beim Jobsharing gilt das Resultat immer für beide. Es gibt keinen Raum für politische Spielchen oder Bullshit-Bingo. Es geht um die Sache, und das ist viel zielgerichteter und effizienter (was Menschen in Teilzeit laut unzähliger Studien sowieso sind).

Was glaubst du hatte deine Firma an Vorteilen von den Jobshares?

Zunächst ganz praktisch: Es entstand einfach nie eine Lücke, weil immer jemand da war; wir waren nie gemeinsam krank. Aus Sicht der ganzen Wertschöpfungskette ist das natürlich fantastisch, immer eine:n Ansprechpartner:in zu haben – 365 Tage im Jahr.

In meinem ersten Tandem waren wir bei Google die ersten in Deutschland, die im Jobshare auf unserem Level gearbeitet haben. Damit hatten wir auch Vorbildcharakter: »Was, so was dürfen wir?«, »Wie habt ihr das geschafft?« Wir haben sehr viele positive Reaktionen gehört. Dadurch gab es eine Art Reflexionseffekt: Viele haben plötzlich über Jobsharing und überhaupt alternative Arbeitsmodelle nachgedacht – das löst in jedem Unternehmen was aus. Oft haben wir auch gehört: »Man merkt auf jeden Fall, dass bei euch zwei Gehirne an einem Thema arbeiten«, oder: »Ihr habt gemeinsam einen anderen Motor, mit dem ihr Dinge vorantreibt.« Und ganz ehrlich bin ich ja davon überzeugt, dass auch aufgefallen ist, wie viel entspannter und weniger gestresst wir an die Arbeit rangehen. Ich komme mit einem so großen Horizont, Herzen und Ruhe in meinen Job zurück. Das konnte mir früher kein Wochenende nach einer gehetzten Woche geben.

Dein Rat an Menschen, die noch zögern?
Erst mal würde ich natürlich sagen: Herzlichen Glückwunsch, dass du dich überhaupt mit einem alternativen Arbeitskonstrukt abseits der vermeintlich unumgänglichen Strukturen auseinandersetzt. Die Welt braucht neue Modelle! Und Jobsharing ist eine tolle Möglichkeit, mit der du nicht für immer verheiratet bist. Probier es aus, und geh auch mit dieser Haltung auf dein Unternehmen zu, zum Beispiel mit dem Vorschlag, es mal für drei Monate zu testen. You have nothing to lose. Du und auch das Unternehmen können nur gewinnen. Erwarte aber bitte auch nicht zu viel von deinem oder deiner Tandempartner:in: Sie oder er muss nicht dein bester Freund oder deine beste Freundin sein, nur auf Augenhöhe müsst ihr arbeiten. Der Rest kommt dann im learning by doing.

HÖHERE ARBEITGEBERATTRAKTIVITÄT

Alle reden vom Fachkräftemangel und davon, wie schwer es ist, geeignete und motivierte Mitarbeitende zu bekommen und zu halten. Warum reden nur so wenige vom Jobsharing? Denn der Wunsch danach ist – gerade von weiblicher Seite her – sehr hoch. Die bereits mehrfach erwähnte Studie »The Jobshare Project« fand heraus, dass die Möglichkeit im Tandem zu arbeiten für 87 Prozent den Unterschied ausmachte: Jobsharing als Bonus für die qualifizierten Leute, die sich die Jobs aussuchen können, sich aber für das Unternehmen entscheiden, das ihnen diese Arbeitsform anbietet. In der Studie wird Jobsharing gar als »retention tool«, also als Bindungsmechanismus an den Konzern bezeichnet.

In Deutschland hat das auch das Softwareunternehmen SAP erkannt und schreibt seit 2019 standardmäßig alle Stellen als für Jobsharing geeignet aus. Der Personalchef Cawa Younosi wird dazu in einem Interview zitiert: »Wir haben festgestellt, dass maximale Flexibilität am wichtigsten für unsere Mitarbeiter ist.«[15] Man bekommt also vom Arbeitgeber die Chance, flexibel zu arbeiten und gibt dafür absolute Loyalität.

Jobsharende fühlen sich auch immer verantwortlich, dass alles reibungslos läuft und leisten oft mehr als das, wofür sie bezahlt werden. Starkes Engagement ist für sie selbstverständlich.[16] Sie schieben unbezahlte Überstunden, damit die Übergaben funktionieren; sie sind ansprechbar an Tagen, an denen sie eigentlich gar nicht arbeiten. Der Arbeitgeber bekommt also nicht nur gut ausgebildete Mitarbeitende, sondern auch noch eine große

Dankbarkeit für die Flexibilität, die sich in einer hohen Motivation zeigt.

Auch bei uns ist das so. In vielen Situationen gehen wir doch mal ans Telefon, obwohl wir frei haben. Zum Beispiel, wenn es zu kompliziert wäre, die Aufgabe an die andere abzugeben; oder wenn man weiß, dass bei der anderen gerade die Hütte brennt und man sie entlasten will. Oder aber auch, weil wir einfach sehr dankbar sind, dass wir diese spannende Aufgabe zusammen in Teilzeit machen können.

KARRIERE-BOOST JOBSHARING

Wir sind das beste Beispiel: Wir kamen beide aus der Elternzeit mit Kind eins zurück und waren einfach nur froh, überhaupt eine Beschäftigung bei unserem alten Arbeitgeber zu bekommen. Keine schlechten Jobs, aber dafür, dass wir vorher Teamleads waren, natürlich ein Rückschritt. Seitdem wir uns eine Stelle teilen, sind wir dann automatisch auf der Karriereleiter wieder nach oben geklettert. Wir tragen Verantwortung für ein Team, viel mehr als wir vorher hatten, nur eben in Teilzeit. Jobsharing kann ein Schlüssel für die Karriere sein mit echten Vorteilen für die Tandems. Denn gerade für Frauen, die ja bekanntlich den größeren Teil der Care-Arbeit auf sich nehmen, öffnen sich neue Chancen durch die Tandem-Option.

Das britische Konsumgüterunternehmen Unilever hat 2019 eine fünfzigprozentige Frauenquote in der Führung etabliert. Und

Jobsharing als Tool genutzt, um dieses Ziel zu erreichen. Jobsharing wurde auf allen Ebenen eingeführt, und zwar mit einem privatwirtschaftlichen Ziel: Ein höherer Frauenanteil in der Spitze des Unternehmens führt – wie eben auch allgemein diversere Teams – zu besseren wirtschaftlichen Ergebnissen.

Jobsharing ist ein Instrument, um Frauen bewusst in Chefpositionen zu bringen. Oft zögern weibliche Teammitglieder, wenn sie einen Führungsposten besetzen sollen. Im Gegensatz zu ihren männlichen Kollegen trauen sie sich das oft erst mal nicht zu. Wenn sie nun aber im Sharing ein Team leiten, haben sie die Chance, Führung auszuprobieren. Sie können testen, ob ihnen die Rolle der Chefin liegt.

Dass unsere Reise gen Archipel Jobsharing auch noch viele schöne Nebeneffekte hat, weiß Stephanie Bschorr schon lange. Die Gesellschafterin der HTG Steuerberatungsgesellschaft, die bis 2018 Präsidentin des Verbands deutscher Unternehmerinnen (VdU) war, hat bewusst in das HR-Start-up Tandemploy (siehe Seite 140) investiert. Das Unternehmen hatte sich 2020 dazu entschieden, Anteile zu verkaufen – und zwar ganz bewusst ausschließlich an Frauen. Damit wurde aus der Investorinnenrunde *Encourage Ventures*, ein Investorinnen-Netzwerk nur für Gründerinnen.

INTERVIEW

STEFANIE BSCHORR: »WARUM WIR UNS FÜR UNTERNEHMERINNEN STARK MACHEN MÜSSEN«

Warum hast du dich damals ausgerechnet für ein Investment in Tandemploy entschieden?

Ich setze mich seit Langem massiv für weibliches Unternehmertum ein, weil ich Unternehmerin aus Leidenschaft bin. Und die Idee war natürlich gut. Und ich weiß einfach aus Erfahrung, wie viel schwieriger es als Frau in Deutschland ist, Kapital zu bekommen.

Warum?

Ich bin jetzt seit über 20 Jahren beteiligt an meiner Gesellschaft. Damals bin ich zu meiner Bank gegangen – habe alles erklärt, habe alles vorgelegt, habe gesagt, dass ich mich mit so und so viel Prozent beteiligen würde, usw. Und dann meinte die Bank: »Und wo ist die Bürgschaft von Ihrem Mann?« Ich war völlig perplex und habe gesagt: »Moment mal – ICH möchte MICH an dieser Gesellschaft als Gesellschafterin beteiligen, in dem Unternehmen, für das ich schon sieben Jahre arbeite – was hat denn mein Mann damit zu tun? Gar nichts. Sicher lasse ich meinen Mann nicht bürgen, das ist MEIN Engagement, ICH werde hier Unternehmerin.« Und dann war ich konsequent und habe die Bank gewechselt.

Und dann hast du gedacht: Jetzt muss sich was tun?

Ja, daher kommt wirklich das Engagement. Seit 2010 habe ich mich schon sehr massiv eingesetzt. Aber dann kam eine Geschäftsreise mit 50 Unternehmer:innen ins Silicon Valley. Dort wurde mir sehr klar vor Augen geführt, dass auf der Investor:innenseite kaum Frauen sitzen und was das für Folgen hat. Frauen pitchen vor Frauenteams oder gemischten Teams anders als vor Männern, und Frauen werden nach anderen Sachen gefragt. Männer werden nach Skalierungseffekten gefragt und wie viel Geld sie brauchen, Frauen werden gefragt, ob sie ihre Geschäftsideen wirklich umsetzen können. Das Resultat ist oft, dass Frauen in solchen Pitches weniger Geld kriegen. Uns wurde damals in Amerika auch glaubwürdig berichtet, dass weibliche Start-up-Unternehmerinnen sich ihr Kapital »erschlafen« müssen. Diese Frauen gehen dann mit den potenziellen Investoren ins Bett – #metoo. Da war ich so geschockt, da dachte ich, man muss wirklich was tun. Am Ende haben mich all diese Erfahrungen gekoppelt mit meiner Leidenschaft fürs Unternehmertum dazu beflügelt, da richtig anzugreifen. Beklagen hilft nicht, man muss was tun. Das hieß dann auch, die nächste Stufe ist, selbst zu investieren, selbst Business Angel zu werden, um mitreden zu können.

Und wie kam Tandemploy ins Spiel?
Da kam irgendwann ein Anruf meiner VdU-Kollegin und Netzwerkteilnehmerin Ina Schlie: »Du, Stephanie, ich habe das perfekte Projekt für uns: Tandemploy will eine Investorenrunde, wenn möglich nur mit Frauen. Was hältst du davon, einen siebenstelligen Betrag mit fünf Frauen auf die Beine zu stellen?« Da hab ich gesagt: »Ich bin dabei, und damit gehen wir raus!« Das Ergebnis war ein richtiger Candystorm, ein Wahnsinnsfeedback über die Social-Media-Accounts. Wir haben gemerkt: Wow, wir haben einen Nerv getroffen! Und so ist dann Encourage Ventures entstanden. Tandemploy war sozusagen der Pilot für dieses neue Investorinnen-Netzwerk. Frauen investieren in Frauen-Start-ups. Und das hat gezeigt, wie

wichtig es ist, Vorbild zu sein! Darüber zu sprechen, über diese Missstände. Dass eben nur 16 Prozent der Gründer Frauen sind. Dass nur 1,6 Prozent des Wagniskapitals an Gründerinnen geht!

Warum glaubst du an Jobsharing?

Ich bin total überzeugt von dem Konzept, sonst hätte ich nicht investiert. Der USP von Jana Tepe und Anna Kaiser von Tandemploy ist, dass sie das konsequent von der Arbeitnehmerseite her aufgebaut haben. Wir wollen, dass IHR euch da einloggt, EURE Daten eingebt, um für EUCH einen Jobsharingpartner zu finden, für EUCH einen Mentoring-Partner zu finden, dass ihr EUER Interesse adressieren könnt, dass IHR ein Lunchdate oder Kaffeedate in einem Riesenkonzern organisieren könnt.

Ich bin auch in meiner Rolle als Arbeitgeberin überzeugt davon, dass Wertschätzung und gute Kommunikation essenzieller Bestandteil der Unternehmenskultur sein müssen. Es ist eine Herausforderung, in Zeiten des Fachkräftemangels die guten Leute zu halten. Dazu braucht es dieses Maß an Wertschätzung – und das erfordert wiederum ein hohes Maß an Kommunikation und Mitnehmen. Tandemploy ist ein Weg dahin, das ist Neues Arbeiten, das ist Wertschätzen. Gerade Jobsharing geht ja nur, wenn du sehr gut kommunizierst. Außerdem ist es eine hervorragende Möglichkeit, um zum Beispiel Erziehungszeiten zu überbrücken. »Durchgangszeiten« nenne ich sie, diese 10-15 Jahre, je nachdem, wie viele Kinder man kriegt. Das ist eine bestimmte Zeit, die soll keinen Knick in die Laufbahn bringen – die überbrückt man als Team, als Arbeitnehmer und Arbeitgeber, aber sehr gut auch als Tandem auf einer bestimmten Stelle. Wir müssen mehr unternehmen, um die Situation von Arbeitgeberseite her zu lösen oder zumindest zu relativieren. Das muss abstrahlen in die Kultur der Unternehmen.

Wie bekommen wir mehr Männer ins Sharing?

Als Eltern mit den Kindern viel drüber reden – mit den Söhnen und Töchtern. Windeln wechseln ist nicht zwingend cooler als einen Millionendeal abzuschließen. Wenn man sich entscheidet, eine Familie zu gründen, ist das eine Familiensache und keine Mädchensache.

Und wenn man da von einer Metaebene draufguckt, dann schreit das doch alles nach Teilen! Zu Hause und im Job.

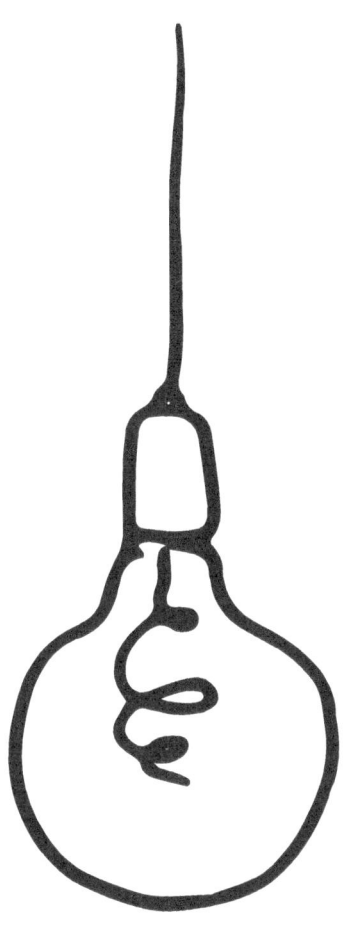

INSIDERTIPPS:
BEST PRACTICE

SHARING, ABER RICHTIG

Natürlich wollen wir, wenn wir auf Reisen gehen, alle mitnehmen, ob Mann oder Frau, egal in welcher Lebensphase. Sprich: Wir wollen auch, dass alle, die es möchten, von unseren bisherigen Erfahrungen profitieren. Denn die Geheimtipps, wie man am schnellsten zum glitzernden Alpsee kommt, ohne sich Blasen an den Füßen beim viel zu steilen Aufstieg zu holen, stehen eben auch in jedem guten Reiseführer. Deshalb hier unsere kondensierten Learnings aus fünf Jahren Jobsharing-Dreamteam:

ZEITLICHE AUFTEILUNG UND ERREICHBARKEIT

Wer macht was? Und wann? Bevor es richtig losstarten kann, muss sich das Tandem aufteilen, denn – logisch – nur so ist es effizient. Dabei geht es sowohl um die inhaltliche, als auch um die zeitliche Aufteilung.

Wenn beide – wie wir – in Teilzeit arbeiten ist klar, dass festgehalten werden muss, wer wann in charge ist. Und diese Einteilung wollten wir möglichst stark unseren Bedürfnissen anpassen. Denn wir haben beide zwei mittelkleine Kinder, die nur bis zum Mittag oder frühen Nachmittag betreut werden und dann zu diversen Aktivitäten gebracht oder einfach nur zu Hause bespaßt werden wollen. Also haben wir für uns festgehalten, dass unser Büro jeden Tag von neun bis vierzehn Uhr (mindestens) von einer von uns besetzt ist. (Das geschah vor Corona, was unsere Organisationsstruktur noch mal durcheinandergewirbelt hat.) An einem Tag waren wir beide im Büro (als Übergabetag), sodass die andere immer zwei Tage von zu Hause arbeiten und sich somit den Arbeitsweg sparen konnte. Und nachmittags haben wir immer schon alternierend Bereitschaft im Homeoffice, checken E-Mails und sind telefonisch erreichbar, sitzen aber nicht wie festgenagelt vor dem Rechner.

Es macht also Sinn, erst mal alle Bedürfnisse abzuklären: Wer kann überhaupt wann? Was für andere wichtige Dauertermine stehen an, die einfach zum Leben dazugehören und die mit eingeplant werden müssen in die reguläre Woche? Also klassisch: Wer muss wann die Kinder abholen? Und wie sieht es eigentlich am Wochenende aus? Wer kann übernehmen, wenn es zu Problemen kommt und Themen dringend geklärt werden müssen? Liegen für beide alle relevanten Termine und Vorgaben auf dem Tisch? Und wer kann wann was übernehmen? Hier gibt es die unterschiedlichsten Modelle: Von Tandems, die sich wochenweise Aufgaben teilen über tageweise Einsätze bis hin zu Vormittags- und Nachmittagsschichten. Jedes Tandem funktioniert anders und hat andere Koordinaten, an denen es sich orientiert.

Lydeccas Woche

Wer ist wann in charge?

	MO	DI	MI	DO	FR
9–14 Uhr	Lydecca	Lydecca	Lydecca	Lydecca	Lydia oder Rebecca hat frei
14–18 Uhr	Rebecca	Lydia	Lydia	Rebecca	Lydia oder Rebecca

Steht die Aufteilung, ist es natürlich wichtig, sie auch festzuhalten und so zu visualisieren, dass es möglichst für beide klar und übersichtlich ist. Wichtig ist auch, dass diese zeitliche Struktur

an das Team, sowie an Kolleginnen und an die Vorgesetzten ge-
langt. Denn allen muss transparent gemacht werden, wer wann
zuständig ist und wer wann frei hat. Natürlich bedarf es gerade bei
der Umsetzung dieser Pläne einer Menge Selbstdisziplin. Denn
was macht man, wenn der Teamkollege mit einer ganz kurzen
Frage anruft, die man schnell beantworten kann? Dann an die
andere zu verweisen macht ja in der Regel keinen Sinn. Trotzdem
gilt: Freundlich, aber klar betonen: »Heute ist ja Mittwoch, da
arbeite ich nicht.« Und so die Chance erhöhen, dass der Kollege
das nächste Mal vorher checkt, wer denn eigentlich gerade erreichbar ist (ja, wir wissen, wie schwer das ist, aber es lohnt sich,
sich selbst hier zu disziplinieren. Denn es fühlt sich in der Tat ganz
anders an, wenn man sich dann wirklich auf das Nicht-Arbeits-
leben fokussiert – auch wenn es nur um das Wäscheaufhängen
geht. Aber ganz klar in diesem Moment NICHT dem Hauptjob
nachzugehen entlastet wirklich und hilft dabei, sich auf das zu
konzentrieren, was gerade um einen herum passiert.) Also: Wer
außerhalb der überlappenden Zeiten in charge ist, beantwortet E-
Mails, behält den Überblick und hält sich bereit, im Notfall schnell
einzugreifen und Entscheidungen zu treffen. Sie ist also diejenige,
die am Rechner sitzt und das daily business unter Kontrolle behält.

INHALTLICHE AUFTEILUNG

Jetzt geht es ans Eingemachte: Denn wenn sich das Tandem gefunden hat, ist es eine der zentralen Fragen, erst mal festzulegen,
wer macht denn was und wer macht denn was nicht? Für Tandems ist es weniger sinnvoll und zeitlich gar nicht möglich, jedes
Thema und jede Mail gemeinsam zu beackern und in jede noch
so kurze und unwichtige Sitzung zusammen zu gehen. Um ins
wirklich effiziente Jobsharing zu gelangen, muss genau überlegt

werden, welche Dinge nicht gemeinsam passieren müssen. Und das ist natürlich bei jedem Tandem unterschiedlich und muss individuell festgezurrt werden.

Lydia: Für Rebecca und mich war schnell klar, dass wir ein großes inhaltliches Projekt haben, das so wichtig ist, dass wir es nicht nur in die Hände der einen geben können. Es geht um die digitale Präsenz der Daily Soap Dahoam is Dahoam, die erfolgreichste Sendung im BR Fernsehen und auch in der BR Mediathek. Um die verschiedenen Kanäle wie Instagram, Facebook oder die Mediathek regelmäßig zu bespielen, bedarf es nicht nur viel strategischer Arbeit und Abstimmung mit der Redaktion der Serie. Es fließt da so viel Manpower aus unserem Team rein, dass wir beide up to date sein müssen, was den aktuellen Stand der diversen Themen betrifft. Wir sind also auch immer beide – so wir es denn einrichten können – in der Teamsitzung von Dahoam is Dahoam digital. Natürlich gibt es auch hier kleinere Unterthemen, mit denen sich dann nur eine von uns stärker beschäftigt, wie Rebecca mit den Videoblogs für die Kanäle oder ich mit Instagram-Content. Aber generell sind wir beide relativ gut im Saft, was diesen Bereich betrifft. Andere Projekte haben wir dagegen komplett aufgeteilt: Rebecca kümmert sich um alles, was im Dokumentarfilmbereich passiert und hat zum Beispiel die Webserie 3 Frauen 1 Auto mitbetreut, während ich für das Instagramprojekt @ichbinsophiescholl und die digitalen Inhalte der Franken- oder München-Tatorte verantwortlich bin. Und da geht wirklich nur eine in die Sitzungen, schreibt Paper, nimmt Inhalte ab und koordiniert. Aber sie hält die andere stets auf dem Laufenden, damit die im Notfall geräuschlos übernehmen kann. Natürlich würde es – angenommen, Rebecca wäre krank und ich müsste ein neues dokumentarisches Digitalformat übernehmen – noch eines Telefonats bedürfen, um das Basic-Wissen, das da ist, zu erweitern. Aktuelle Projektstände, aber auch Befindlichkeiten, Probleme und Lösungsansätze werden dann ausgetauscht, sodass ich schnell übernehmen kann.

Gerade beim E-Mail-Verkehr ist es wichtig festzulegen, wer auf was antwortet. Denn nur so kann garantiert werden, dass sich bei einer Anfrage nicht beide angesprochen fühlen. Das klappt nicht immer hundertprozentig – gerade wenn beide in charge sind, kommt es vor, dass auch mal doppelt geantwortet wird, wenn es um allgemeine Anfragen geht. Ist nicht klar, wer dann verantwortlich ist, muss eben schnell geklärt werden: Mache ich das oder du? Das gilt nicht nur für die großen Linien und Projekte, sondern auch für kleinteilige Infos oder Anfragen. Hier lohnt es sich, eine kurze Liste zu erstellen und bei der Übergabe zu klären, wer sich um was kümmert. Denn wegen jeder noch so kleinen Anfrage nachzuhaken, frisst einfach zu viel Zeit. Und wenn es darum geht, festzuhalten, wann denn was passieren soll, lohnt es sich auch, Deadlines zu vereinbaren. Also: »Das kläre ich bis nächste Woche« oder: »Bis Montag schicke ich das raus.« Das gibt beiden Sicherheit und auch einen Überblick darüber, wann was passieren wird.

TERMINE UND NOTIZEN

Gerade in Coronazeiten haben wir sie hassen gelernt, die ewigen Sitzungen und Calls per Video, die uns an den Rechner fesseln als gäbe es kein Morgen. Aber Sitzungen sind nun mal – gerade in jeder größeren Organisation – fester Bestandteil des Regelbetriebs. Oft sind diese Treffen nicht nur auf reiner Informationsbasis wichtig, sondern es geht auch darum, Stimmungen in der Firma abzuklären oder etwa falsch laufende Projekte wieder einzufangen. Gerade hier zeigt sich, wie effizient Jobsharing sein kann. Denn ist man halbwegs synchronisiert, lassen sich solche

Termine gut aufteilen – zum Beispiel ganz klassisch im Wechsel. Im Anschluss erhält dann die andere eine kondensierte Zusammenfassung. Das geht bei uns so weit, dass uns auch Kollegen ansprechen, die bei bestimmten Sitzungen nicht dabei sein können, die aber wissen, dass wir immer relativ gut für die andere mitschreiben. Die bekommen dann gern unsere Notizen aus der Sitzung. Wir nutzen hier zum Beispiel das Tool trello, auf das wir von überall her zugreifen können, und auf dem wir die Protokolle speichern. Da kann die eine sogar parallel zur Sitzung der anderen drauf zugreifen und mitlesen, was passiert.

Die Aufteilung der Termine muss natürlich fair erfolgen. Wenn zum Beispiel eine weniger geliebte Regelsitzung mehrfach von einer übernommen werden muss, weil sich andere Termine dazwischenschieben, muss ein Ausgleich gefunden werden. Zu beachten ist außerdem, dass nicht Call gleich Call ist. Manche Treffen brauchen Vor- und Nachbereitung, bei anderen wird regelmäßig überzogen, während wieder andere von einer Topteamleitung geführt werden, die stringente und kurze Termine leitet. Wenn beide regelmäßig tauschen und natürlich in Kontakt miteinander bleiben, was die eigene Belastung betrifft, findet sich garantiert ein Weg für ein effizientes, abwechselndes Abhängen in Sitzungen.

ALWAYS: ÜBERGABEN

Es ist der Albtraum: Eigentlich fühlt man sich gut abgestimmt, und dann läuft man den Gang entlang und trifft eine Kollegin, die mit der Workwife ein wichtiges Projekt betreut. »Ah, gut dass ich dich treffe«, heißt es sofort. »Lydia, ich wollte doch noch nachfragen, wie es mit den Rechten von den Outtakes aussieht. Und ist doch echt blöd gelaufen die Entwicklung neulich, oder?« Schlucken. Klar, grob weiß ich Bescheid, wie der Projektstand ist. Aber was genau meint sie eigentlich? Und das mit den Rechten, davon habe ich noch gar nichts gehört. Nur durch geschicktes Antworten kommt man aus so einer Situation, ohne das Tandem-Gesicht beziehungsweise die Gesichter zu verlieren. Denn gerade für die Außenwahrnehmung eines Jobsharing-Duos ist es unerlässlich, dass klar wird, dass beide stets auf dem gleichen Stand sind. Das gilt natürlich vor allem für Projekte, die von beiden gleichermaßen betreut werden. Ist eine speziell für eine inhaltliche Aufgabe verantwortlich, ist es nicht so problematisch zu sagen: »Das ist Rebeccas Projekt, da muss ich kurz nachfragen.« Wenn die eine in einer Besprechung ein Thema festzurrt, muss die andere das auch erklären und zusammenfassen können. Und hierfür bedarf es – ganz klar – regelmäßiger und strukturierter Übergaben.

Viele Tandems haben hier einen festen Tag, zum Beispiel wenn sie zu zweit im Büro sind. Mindestens einmal in der Woche sollte es einen fixen Termin geben, in dem genügend Raum ist für verschiedene organisatorische, aber auch inhaltliche Themen. Auch hier braucht man Selbstdisziplin. Denn gerade in anstrengenden Projektphasen ist die Übergabe der Termin, den man am leichtesten aus dem Kalender entfernen kann – die andere hat ja

Verständnis. Aber das sollte tatsächlich möglichst nie passieren. Denn fehlen Informationen, breitet sich das ungute Gefühl des Unwissens aus und man merkt, dass man in bestimmten Situationen anfängt herumzulavieren, weil man eben doch nicht so ganz genau Bescheid weiß.

MINI-AGENDA

Wir haben sogar eine Mini-Tagesordnungspunkte-Liste für unser Übergabetreffen. Wir besprechen aktuelle Anfragen und halten fest, wer welche Aufgabe übernimmt, wer welche E-Mail beantwortet. Projektstände werden abgeglichen, die andere anhand der Notizen aus den Sitzungen auf den neuesten Stand gebracht. Und wir versuchen auch, stets festzuhalten, wer wann was macht und sich um welche Aufgabe kümmert. Denn wir haben festgestellt, dass jeder Mensch einen anderen »Erledigungsdruck« hat. Sprich: Wenn Lydia schon anfängt, nervös zu zucken, weil die E-Mail noch nicht raus ist, setzt sich Rebecca erst dran. Und um so komische Gefühle des Nicht-Erledigens auszubremsen, haben wir uns angewöhnt, eigene Deadlines festzuhalten und zu kommunizieren. Damit nie das Gefühl entsteht: »Warum hat sie das noch nicht gemacht?«, oder: »Warum hat sie das schon rausgeballert, das hätte doch wirklich noch Zeit gehabt und steht auf der Prio-Liste eher weiter hinten.«

Ganz egal, wie viel Zeit jede Woche für die Übergaben eingeplant ist, es kann immer zu wenig sein. Natürlich kann man nicht immer vorhersehen, ob bei einem Teammitglied was im Argen liegt, ein großes Projekt komplex wird oder es gerade im Tandem knirscht. Deshalb sollte man die Übergaben auch nicht überfrachten. Gerade wenn eine an einem Workshop teilgenommen hat oder an Sitzungen, bei denen es viel Input gab, ist es wichtig, sich für das dort Besprochene Zeit zu nehmen und dann einfach einen zusätzlichen Termin für die klassische Übergabe auszumachen. Das ist zwar auf den ersten Blick anstrengend, es macht aber dennoch mehr Sinn, als durch die Wochen-Übergabe zu hetzen und am Ende doch nicht alles mit den nötigen Details besprochen zu haben. Das Gute ist, dass man bald ein Gefühl dafür bekommt, welchen Inhalten mehr Zeit eingeräumt werden muss und dass eben der Vortrag von dem Kongress doch nicht in zwei Minuten nacherzählt werden kann, er aber trotzdem wichtig ist. Deshalb: Zeit für (zusätzliche) Übergaben nehmen – es lohnt sich immer.

TANDEM-SPIRIT: GANZ NORMAL!

Wir wissen es ja, es ist halt einfach exotisch, dieses Dasein als Tandem. Das ist aktuell leider noch so. Und was nicht der Norm entspricht, verunsichert oft. Man kennt das von vielen kleinen Details aus seinem Leben, vom immer gleichen Käse, den man an der Theke bestellt, bis hin zur Stammkneipe um die Ecke. Der Mensch ist ein Gewohnheitstier, und zur Gewohnheit gehört das Bild von der EINEN Kollegin oder der EINEN Chefin. Dass da, wo sonst ein dicker Sessel steht, jetzt zwei auf einem Sofa sitzen, ist schlicht und einfach erst mal ungewohnt. Das heißt aber nicht, dass man diese Auffälligkeit auch noch dauernd hervorheben muss. Es liegt auf der Hand, dass man dem Team oder dem neuen Mitarbeiter zunächst erklären muss, dass hier eben ein Tandem verantwortlich ist. Das war es dann aber auch. Den Exotenstatus bekommen wir von außen schon ausreichend aufgedrückt, den müssen wir nicht mehr betonen. Wir kommunizieren lieber aktiv die Ergebnisse dieses Jobshares: Bestimmte Themen sind anders und aufgeteilt. Wichtig ist es hier, dem Team oder den Kolleg:innen klar zu kommunizieren, wer für was verantwortlich ist. Wenn jede genau weiß, wer ihre Ansprechpartnerin ist, gibt es keinen Raum für Zweifel oder Gedanken über die Konstruktion des Tandems, die nur aufhalten.

CC IST DAS A UND O

Wir möchten hier mal ein Loblied auf die viel gescholtene CC-Kultur singen. Denn natürlich nervt es, wenn man in jeder futzeligen Orga-Mail cc gesetzt wird. Gleichzeitig ist eine gepflegte und durchdachte CC-Kultur enorm wichtig. Hier lohnt es sich, im Jobshare-Tandem genau zu überlegen und zu entscheiden, wer wann in CC gesetzt werden will und muss; und auch in regelmäßigen Abständen zu überprüfen, ob es auch wirklich funktioniert. Das sieht natürlich anders aus, wenn sich ein Tandem dafür entscheidet, eine gemeinsame E-Mail-Adresse zu nutzen und somit einen gemeinsamen Posteingang zu verwalten. Wir haben uns aus Effizienzgründen gegen diese Option entschieden, weil wir einfach in zu vielen unterschiedlichen Projekten sind, deren Details die andere nicht so genau kennen muss.

Rebecca: Am Anfang haben wir uns wirklich viel in CC gesetzt, und das hat sich deutlich verändert. Mittlerweile kündigen wir sogar meist an, wenn wir die andere cc setzen. Zum Beispiel, wenn ein Projekt an einem entscheidenden Punkt ist oder eine wichtige Info nur so übermittelt werden kann. Wie immer im Leben: Das richtige Maß macht's!

Beim CC-Setzen geht es aber nicht nur um die Kommunikation nach innen. Gerade im Kontakt mit Menschen außerhalb des Tandems haben wir eine gute CC-Kultur als enorm wichtig kennengelernt. Zum Beispiel in der Phase, als wir als Jobshare-Duo starteten, war es essenziell, immer wieder zu betonen: Schreibt uns beide an! Immer und immer wieder haben wir gebetsmühlenartig diesen Satz wiederholt. Und wir glauben, dass das ein entscheidender Schritt dabei war, uns als Tandem zu etablieren. In einem Unternehmen mit mehreren tausend Mitarbeitenden klappt das natürlich nicht immer. Aber wir können behaupten, dass mittlerweile alle Menschen, mit denen wir regelmäßigen beruflichen Kontakt haben, uns bei den wichtigen Nachrichten beide anschreiben. CC steht übrigens nicht nur für den Begriff »Carbon Copy«, also den guten alten Kohlepapierdurchschlag, den man früher mit dem Original dazu bekam, sondern in unserer Jobshare-Welt auch für »cooles Couple«.

MIT EINER STIMME SPRECHEN, NACH INNEN UND NACH AUSSEN

Eine Sitzung früh am Morgen. Das Team ist gerade mal wach, und die anstehenden Projekte werden durchgesprochen. Rebecca hat an dem Tag einen wichtigen anderen Termin, und so bin ich diejenige, die die Team-Sitzung leitet. Wir reden über ein Projekt und darüber, was dort als Nächstes ansteht. »Wollten wir nicht noch über das Layout sprechen?«, frage ich und erhalte sofort Gegenwind. »Nein, das hat doch Rebecca schon entschieden.«

In dieser Situation hat man verschiedene Möglichkeiten: Entweder man zeigt sich beleidigt, weil wohl doch eine Info hinten runtergefallen ist (oder vielleicht auch, weil man diese Entscheidung womöglich selbst gern mitgetroffen hätte). Idealerweise sagt man aber schlicht und einfach: »Okay, wenn Rebecca das schon entschieden hat, müssen wir das jetzt nicht mehr machen. Dann kennen wir ja alle die Richtung, in die es weitergeht.« Damit zeigt man nicht nur, dass man die Entscheidung der Tandempartnerin komplett akzeptiert, sondern auch, dass an Festlegungen von einer Seite nicht gerüttelt wird. Konkret heißt unsere Empfehlung: Sprecht mit einer Stimme! Im Regelfall bedeutet das natürlich, dass man sich vorher abspricht. Also dass die groben Linien festgelegt werden und klar ist, wie man sich gemeinsam entscheiden wird. Bei uns heißt das auch oft, dass wir vor einem Termin noch mal Detailfragen abklären: Was genau ist das Ziel, welche Grenzen gibt es (wenn zum Beispiel eine Gesprächspartnerin in eine ganz andere Richtung will?), und was wären mögliche andere Optionen? Ist das geklärt, laufen die meisten – auch konfliktreichen – Termine wie von selbst, weil beide ja eine gewisse Sicherheit haben, in welchem Rahmen sie sich bewegen können. Und wenn es tatsächlich einer spontanen Entscheidung bedarf, die – weil eben live in der Sitzung – nicht vorher intern abgeklärt werden konnte, besprechen wir im Nachhinein, ob das okay war. Oder, noch besser: Gibt es eine Unsicherheit, dass die andere vielleicht nicht mit der eigenen Haltung einverstanden ist, so kann der Gesprächspartner in der Regel auch mit den Worten: »Wir besprechen das noch mal in Ruhe und melden uns sofort zurück«, besänftigt werden.

Guttut im Zweifel auch eine kurze Absicherung. Denn – wie das eben so ist mit der Kommunikation – oft wird auch von Teammitgliedern etwas anders verstanden, als es vielleicht gemeint ist. Oft hatten wir die Situation, dass eine von uns aus einer Sitzung kam und meinte: »Du, XY hat gesagt, du bist total gegen die Onlinestellung des Inhaltes, stimmt das?« Und dann wird klar, genau so hat man das weder gesagt noch gemeint. Es lohnt sich also gerade bei wichtigen Entscheidungen, noch mal kurz gegenzuchecken, wenn einem eine Aussage irgendwie komisch vorkommt.

ENTSCHEIDUNGEN:

- Grundlegende Entscheidungen der anderen nie öffentlich anzweifeln
- Bei Unsicherheiten auch mal nachfragen: »Hast du das eigentlich so gesagt?«

Nicht nur gegenüber dem Team, sondern auch gegenüber der Chefin sollte immer klar sein, dass es eben nur eine Stimme gibt. Sowohl im gemeinsamen Gespräch als auch, wenn nur eine in

Kontakt mit der Vorgesetzten ist. Es gibt nur eine Haltung, und die ist gut abgestimmt. So entsteht das Bild, dass man tatsächlich klar nach dem Motto arbeitet: »Wir sind eins.«

DAS PRINZIP GOOD COP – BAD COP

Man kennt es aus jedem schlechten Krimi: Zwei Polizistinnen sitzen der Mörderin im Verhörzimmer gegenüber. Die eine Kriminalerin bietet Kaffee und Kekse an und tut so, als habe sie Verständnis für was auch immer die Mörderin so erzählt. Und die andere macht eine auf knallharte Ermittlerin, die rumbrüllt, droht und schreit. Und wie das dann immer so ist, bekommt die Mörderin irgendwann Angst oder hat einfach keine Lust mehr auf die ätzende Art der Bad Cop und öffnet sich der Ermittlerin, die die Good Cop spielt. Nicht besonders kreativ, aber es funktioniert auch im Jobsharing! Denn klar, man ist ja zu zweit und kann in quasi jeder Situation die beiden Perspektiven auf einen Sachstand, die es ja immer gibt, mehr oder weniger intensiv darstellen. Und da bedarf es natürlich eines gewissen schauspielerischen Talents und eines Plans. Vor jedem Gespräch können Rollen abgesteckt werden. Je nachdem, wer mit wem persönlich besser klarkommt und wer welche inhaltliche Position besser vertreten kann, wird die eine zur Bad und die andere zur Good Cop gemacht. Und wir versprechen, das macht richtig Spaß. Natürlich stürzt sich nicht die eine auf die zu Verhörende und fuchtelt ihr mit dem Licht einer Lampe im Gesicht herum, während die andere Schokokekse anbietet. Doch indem man sich als zwei Menschen zeigt und auch mögliche Alternativen durchspielt, entsteht eine ganz andere Dynamik. Gerade durch das klassische Good-Cop-Bad-Cop-Verhalten bekommen die meisten Menschen das Gefühl, viel stärker Teil des Entwicklungsprozesses zu sein. Weil die Bad Cop meist eine eher extreme Position vertritt, denkt die Adressatin, dass sie mit dem Kompromiss gar nicht so schlecht wegkommt. Wenn es im Film funktioniert, dann muss es auch im echten Leben hinhauen. Wie gut, dass wir beide im Spielfilm- und Serien-Bereich arbeiten.

COACHING – AUSSENPERSPEKTIVE EINHOLEN

Wenn wir nach den wichtigsten Ratschlägen für ein erfolgreiches Jobsharing gefragt werden, dann fällt garantiert schnell der Satz: »Lasst euch coachen!« Coaches sind vielleicht nicht immer günstig, aber es ist eine absolut sinnvolle Investition, sich gerade am Anfang eines gemeinsamen Tandems beraten zu lassen. Nicht umsonst sehen viele große Unternehmen, die Jobsharing fördern, für die Jobsharenden freiwillige oder verpflichtende Coachings vor. Diese Unternehmen haben einfach aus der Erfahrung gelernt, dass sich diese Investition lohnt.

ALLER ANFANG IST GECOACHT WERDEN

Treffen zwei Menschen mit zwei Rucksäcken voller Arbeitserfahrung und gelernter Arbeitsweisen aufeinander, müssen erst mal ein paar Dinge festgezurrt werden. Wer macht was wann? Wie ist unsere Übergabekultur? Und nicht zuletzt: Wie soll eigentlich unsere Vision aussehen? All das kann man sich natürlich auch selber erarbeiten. Aber zum einen nimmt man sich in der Regel nicht die Zeit dafür außerhalb eines fixen Coaching-Termins (das ist bitter, aber wahr), und zum anderen stellt man sich selbst oft nicht die Fragen, die gerade wichtig wären. Eine externe Person kann mit einem unverstellten Blick eine enorme Hilfe sein und die ersten gemeinsamen Jobsharing-Pflöcke einschlagen.

COACHING ALS GARANT FÜR DEN KONSTANTEN ERFOLG

Sind einmal die Grundstrukturen eines Tandems festgelegt, kann es durchstarten. Doch nicht nur das. Es kann und muss sich auch in regelmäßigen Abständen rückkoppeln: Gehen wir in die gewünschte Richtung? Erfüllen wir unsere festgehaltenen Pläne? Regelmäßige Kontrollen – auch gemeinsam mit einem Coach – helfen dabei, die Strukturen und die Vision zu festigen und dabei, sich zu vergewissern, dass man auf dem richtigen Weg ist. Gerade eine Doppelführung (also ein Topsharing) bedarf aber jenseits dieses »Richtungscoachings« sicher auch immer wieder in konkreten Fragen eines Reviews. Denn viele Dinge, die für eine einzelne Chefin selbstverständlich sind, werden zu zweit erst mal infrage gestellt: »Führen wir ein Personalgespräch zu zweit oder allein?«, oder: »Wie gehen wir mit Problemen von Teamkolleginnen um, die nur eine betreffen?« Ein Coaching ist hier wichtig, weil es dabei hilft, konkret hinzuschauen und gemeinsame kritische Themen von einer Expertin beleuchten zu lassen. Wir können nur aus eigener Erfahrung berichten, dass wir von unseren unterschiedlichen Coaches extrem viel mitnehmen konnten, gerade was das Verhalten in Konfliktsituationen betrifft. Arbeitgeber sollten ausreichend Motivation dafür haben, in einer Jobsharing-Situation Coaching möglich zu machen. Denn das noch ungewöhnliche Konstrukt der Führung zu zweit braucht eben manchmal eine gedankliche Extraschleife. Und wir sind uns sicher, dass auch der Arbeitgeber von zwei gut ausgebildeten und austarierten Chefinnen profitiert.

Und natürlich können in Coachings noch ganz andere wichtige Themen auf den Tisch kommen: Wie steht es eigentlich um das Verhältnis bezüglich der Work-Life-Balance? Oder gibt es aktuell Konflikte – sei es mit der Vorgesetzten, mit dem Team oder mit der Tandempartnerin? Für all das ist Raum beim Coaching.

Rebecca: Im Rückblick auf unsere Coaching-Sitzungen sehe ich vor allem, dass wir dadurch das Modell an sich so schätzen gelernt haben. Die stetige Beschäftigung auf einer Meta-Ebene lässt vieles klarer erscheinen und hebt einen auch mal so richtig raus aus dem Alltagssumpf. Man macht so vieles besser danach und ist reflektierter. Nicht zuletzt haben wir uns im Coaching dafür entschieden, uns empowernd für diese Arbeitsweise einzusetzen und uns als Motor für neue und digitale Arbeit im BR zu engagieren. (An dieser Stelle ein Dankesgruß an unsere damalige Coachin Heidelinde Kablitz!)

UMGANG MIT KONFLIKTEN

Auch das ist eine häufige Frage an uns beide: Was macht ihr denn eigentlich, wenn ihr nicht einer Meinung seid? Das ist eine wichtige Frage, denn zwei Menschen, so gut sie auch gedanklich miteinander verknüpft sein mögen, sind eben zwei Menschen. Mit unterschiedlichen Haltungen und im Zweifel auch konträren Meinungen. Wir haben uns angewöhnt, Konflikte nach einem bestimmten Schema zu klären.

Lydia: Es steht zum Beispiel eine Entscheidung an: Welches Thema soll das geplante Facebook Live haben? Da das bei uns relativ aufwendig in der Vorbereitung und Durchführung ist, ist es durchaus eine Überlegung, die für uns beide wichtig ist. Und dann will Rebecca partout das Thema Bürgermeisterwahl haben. Das, finde ich, passt überhaupt nicht zu dem Schauspieler und der Schauspielerin, die an diesem Tag dabei sein werden. Also sprechen wir drüber, wägen ab, jede stellt ihre Pro- und Contra-Argumente vor. Und wir können uns immer noch nicht einigen. In diesem Moment merken wir aber, wie wichtig ihre Position der anderen ist. Allein mit welcher Vehemenz für einen Punkt gestritten wird, macht deutlich, wem die Entscheidung wie wichtig ist. Und dann zieht in der Regel diejenige zurück, der es leichter fällt. Denn wenn man sich erst mal nicht einigen kann, bringt es auch nichts, sich noch weiter auszutauschen. Dann klar zu sagen: »Okay, ich merke, das ist dir wichtig, lass es uns so probieren, wie du vorschlägst«, nimmt Druck aus der Situation und macht klar, dass die eine hier zurücktritt.

Geht es um grundlegende Meinungsverschiedenheiten, wie dass sich die eine nicht gut behandelt fühlt oder ein anderes zwischenmenschliches Problem, heißt es: unbedingt ansprechen und nicht zu lange warten. Das ist nicht angenehm (ich, Lydia, spreche da aus der Erfahrung derjenigen, die bei uns den Rekord im Ausharren hält und viel Überwindung braucht, um dann doch mit den Schwierigkeiten rauszurücken). Aber es ist extrem wichtig, offen miteinander umzugehen. Denn wird zu viel runtergeschluckt, wird das Problem immer größer und zieht unangenehme Situationen nach sich.

Um sicherzustellen, dass das auch regelmäßig klappt, lohnt sich ein institutionalisierter Slot im wöchentlichen Update. Ein wiederkehrendes Element jeder Übergabe-Sitzung, in der gefragt wird: »Wie geht es dir mit mir?« Das mag zunächst komisch scheinen und ein bisschen seltsam, weil – so ging es zumindest uns – man nicht gewohnt ist, in dieser Klarheit die gemeinsame Situation anzusprechen. Aber indem man quasi gezwungen ist, sich mit dem Befinden der anderen gegenüber auseinanderzusetzen, kommen auch kleine Unstimmigkeiten schon ganz früh auf den Tisch. Das heißt, es gibt immer Raum dafür, aufkeimendes Unwohlsein, Unklarheiten oder ungute Gefühle anzusprechen und zu beseitigen.

Aber man muss nicht nur das emotionale Miteinander ansprechen, denn es passiert ja auch im Leben jeder einzelnen sehr viel: der Hund wird krank, die Schwester braucht dringend Unterstützung oder man selbst hat ein Gesundheitsthema, das einen umtreibt. Solche Probleme oder Belastungen muss die andere kennen, um darauf eingehen und den Workload abfedern zu können. Und natürlich auch, um vorbereitet zu sein für mögliche Ausfälle und Übernahmen. Da wären wir wieder beim Thema Kommunikation: Im ständigen Austausch zu bleiben ist essenziell, damit das Feeling untereinander stimmt und man mitbekommt, was die andere umtreibt. Sich hier konstant kurzzuschließen und sich zu vergewissern, dass die schlechte Laune einfach von der Nacht kommt, in der sich das Kind mehrfach übergeben hat, hilft enorm, um weiter entspannt miteinander arbeiten zu können.

Gelingt es gar nicht, einen Konflikt aus der Welt zu räumen und haben sich die Fronten bei einem Thema so verhärtet, dass man zu zweit nicht weiterkommt, kann auch hier ein Coach eingebunden werden. Mit dem berühmten Blick von außen lassen sich Schwierigkeiten oft leichter beheben.

»DARK MOMENTS« BEI LYDECCA

Rebecca: Lydia ist drei Wochen sauer auf mich, weil ich was Unsensibles geschrieben habe, einfach aus Ignoranz, ohne es zu merken. Sie sagt aber nichts. Ich spüre nur, dass ein komischer Schleier über unserer Kommunikation hängt. Ich denke mir jeden Tag, mmmh, irgendwie ist da was. Dann: gemeinsames Frühstück in der Freizeit, lang geplantes Treffen. Lydia sitzt schon am Tisch, als ich das Lokal betrete. Kaum habe ich mich gesetzt, frage ich: »Was ist eigentlich los?« Sie sagt: »Du warst ungerecht. Du hast mich nicht gut behandelt.« Ich bin geschockt, Stich in der Herzgegend. Wir reden und erklären uns die gegenseitigen Gefühle. Ich entschuldige mich, ich sage: »Es tut mir leid. Ich wollte dir nicht wehtun oder dich gar herablassend behandeln. Verzeih mir.« Und ich sage: »Lydia, kannst du bitte nie mehr drei Wochen schweigen und komisch sein?« Erleichterung. Wir bestellen Crémant. Und feiern die Aussprache.

Lydia: Rückblickend kann ich mich gar nicht mehr erinnern, worum es ging. Ich weiß nur, wie unglaublich schwer es mir gefallen ist, es anzusprechen. Weil Rebecca eben nicht nur die Arbeitskollegin ist, sondern viel mehr. Das hat halt gedauert. Ich habe lange einen Moment gesucht, um in Ruhe sprechen zu können, zu lange. Was wir daraus gelernt haben: In unserem Wochen-Update haben wir die Standardfrage »Wie geht es mir mit dir?« eingebaut. Damit sich keine längeren Unwohlsein-Phasen einschleichen können.

Rebecca: Ich kann mich gut erinnern, dass mir das Zurücknehmen manchmal schwergefallen ist. Dem anderen genug Raum zu geben ist für eine Löwe-Frau nicht immer ganz einfach. Heute ist das anders – ich habe gelernt, dass es auch sehr angenehm sein kann, nicht immer im Mittelpunkt zu stehen.

Lydia: Gerade am Anfang hat Rebecca sich an das Tandem in bestimmten Situationen gewöhnen müssen. Sie ist eine gute Entertainerin, erzählt viel und gern und dass sie auf einmal, zum Beispiel in manchen Sitzungen, nur noch die Hälfte der Redezeit bekommen sollte, schien ihr schwerzufallen. Für mein Gefühl hatte sie eine Zeitlang einen deutlich größeren Redeanteil und war dem nicht so, hat sie mit großer Wahrscheinlichkeit im Anschluss an das Treffen bemerkt: »Heute habe ich aber echt wenig gesagt.« Für mich war das überhaupt nicht schlimm, sondern eigentlich spannend zu beobachten, wie das immer weniger wurde. Aber ich hatte tatsächlich das Gefühl, dass sie daran knabbern musste und dass es irgendwann plötzlich weg war.

ERWARTUNGSMANAGEMENT

Zwei Powerfrauen auf einmal, das überfordert manche Menschen schon mal. Immer super abgesprochen mit guten Ideen in petto und dann auch noch dauernd präsent. Für manche wirken Jobshare-Tandems durch ihre magisch scheinenden Superkräfte fast übermenschlich. Stimmt ja auch ein bisschen, aber eben nicht ganz. Denn auch Jobshare-Tandems sind mal krank oder überlastet. Und nur, weil man zu zweit ist, kann man nicht alles immer sofort zu Ende bringen. Sprich: Das Tandem muss im Umfeld für Realismus sorgen und stetig erklären, dass es zwar zu zweit ist, manche Dinge aber trotzdem Zeit brauchen und nicht sofort erledigt werden können.

Das gilt auch für die Erwartung an die Qualität und Schnelligkeit von Entscheidungen. Denn klar ist vieles besser durchdacht als hätte sich eine einzelne Person die Dinge durch den Kopf gehen lassen. Aber das heißt nicht, dass ein Jobshare-Tandem unfehlbar ist. Auch zu zweit liegt man mal daneben und kommt mit bestimmten Situationen nicht klar. Transparenz gilt auch hier in der Kommunikation: Den Vorgesetzten und Kollegen offenzulegen, wo das Tandem steht, was es denkt und was es belastet, hilft bei einem gesunden Erwartungsmanagement, das Jobsharer stets im Auge behalten sollten.

10 TIPPS ZUM PERFEKTEN JOBSHARING

1. OFFENHEIT

NICHT MIT DEM ERSTBESTEN ZUFRIEDENGEBEN, NUR WEIL VOLLZEIT ARBEITEN NICHT GEWOLLT ODER MÖGLICH IST. TEILZEIT IST KEIN MAKEL. OFFEN FÜR DAS KONZEPT JOBSHARING SEIN!

2. ZIELE

EINE GEMEINSAME VISION DEFINIEREN. WAS IST WICHTIG? WAS UND BIS WANN SOLL GEMEINSAM ERREICHT WERDEN? VISION DOKUMENTIEREN UND IN REGELMÄSSIGEN ABSTÄNDEN ÜBERPRÜFEN.

3. AUFGABEN

AUFGABEN KLAR ABSTECKEN UND FESTHALTEN, WER WELCHE TÄTIGKEITEN ÜBERNIMMT. REGELMÄSSIGE PLANUNGSSITZUNGEN HELFEN DABEI, AUCH KLEINTEILIGE AUFGABEN IM BLICK ZU BEHALTEN UND ZUSTÄNDIGKEITEN ZU KLÄREN.

4. ÜBERGABEN

GEEIGNETE TOOLS FÜR ÜBERGABEN UND GEGEN-SEITIGES INFORMIEREN NUTZEN (MAILS/WHATSAPP/TRELLO USW.). SITZUNGS- UND GESPRÄCHSPROTOKOLLE SIND FÜR DEN INFORMATIONSTRANSFER WICHTIG UND KÖNNEN VOM ANDEREN TEIL DES TEAMS JEDERZEIT EINGESEHEN WERDEN.

5. KOMMUNIKATION

ES BEDARF EINES WÖCHENTLICHEN UPDATES FÜR LANGFRISTPLANUNG UND AUFGABENVERTEILUNG. UND LIEBER EINMAL ZU VIEL NACHHAKEN, DENN DER ANDEREN PERSON FÄLLT GARANTIERT NOCH ETWAS SINNVOLLES ZUM THEMA EIN. MIT EINER STIMME NACH AUSSEN SPRECHEN UND PRIORITÄTEN UND ENTSCHEIDUNGEN DEMENTSPRECHEND VORHER ABGLEICHEN. GEMEINSAME REGELN FÜR DIE KOMMUNIKATION AUFSTELLEN (BEISPIEL: WELCHE MAILS MUSS MAN IN CC SCHICKEN, WELCHE NICHT?).

6. ERFOLGSKONTROLLE

ERFOLGE UND ARBEITSFORTSCHRITTE REGELMÄSSIG ÜBERPRÜFEN. COACHINGS UND REVIEWS BRAUCHEN ZEIT, SIND ABER ELEMENTAR DAFÜR, UM GEMEINSAM BESSER ZU WERDEN.

7. ERWARTUNGEN

ERWARTUNGSMANAGEMENT BETREIBEN – UNTEREINANDER, ABER AUCH BEI DEN VORGESETZTEN.

ÜBERZOGENE HOFFNUNGEN UND ANSPRÜCHE FRÜHZEITIG AUSRÄUMEN. EIN DUO BRINGT VORTEILE MIT, KANN ABER GENAUSO WIE EINE 100-PROZENT-STELLE AUCH MAL AUSGEBREMST WERDEN – UND SEI ES NUR DURCH EINE GRIPPEWELLE.

8. KARRIERE

DIE JOBPARTNERIN MÖCHTE SICH VIELLEICHT IRGENDWANN BERUFLICH VERÄNDERN ODER AUF DER KARRIERELEITER AUFSTEIGEN. HIER TRANSPARENT UNTEREINANDER BLEIBEN UND SICH ABSTIMMEN.

9. STÄRKEN NUTZEN

GEMEINSAM IST MAN DOPPELT STARK. DESHALB HILFT ES, SICH GUT KENNENZULERNEN, UM HERAUSZUFINDEN, WER WAS GUT UND VIELLEICHT SOGAR BESSER KANN. HAT MAN DIE GEGENSEITIGEN STÄRKEN IDENTIFIZIERT, KANN MAN DIE AUCH BEWUSST EINSETZEN UND AUFGABEN DEMENTSPRECHEND VERTEILEN.

10. VERTRAUEN

DER SCHLÜSSEL ZUM GLÜCK UND ZUM FUNKTIONIERENDEN JOBSHARING. NUR WENN MAN WEISS, DASS DIE ANDERE PERSON LOYAL IST UND SICH DER GEMEINSAMEN VISION WIRKLICH VERPFLICHTET HAT, KOMMT MAN ZUSAMMEN ZUM ZIEL.

EXKURS:

HAND AUFS HERZ: IST BEFREUNDET ZU SEIN NUR EIN VORTEIL?

Wie oft haben wir das gehört: »Das Jobsharing funktioniert doch bei euch nur, weil ihr befreundet seid«. Oder: »Ganz ehrlich, das klappt doch alles nur, weil ihr euch so mögt.« Und jedes Mal sind wir am abwiegeln, weil wir natürlich glauben, dass uns das gemeinsame Arbeiten auch deshalb so viel Spaß macht, weil wir uns eben mögen, viel zusammen lachen und uns selbst auch nicht immer ganz so ernst nehmen. Aber man muss definitiv nicht in einem Jobsharing befreundet sein. Und tatsächlich ist es auch nicht immer einfach, mit einer Freundin in einem Tandem zu arbeiten. Denn natürlich gibt es sehr viele schöne Momente im Job, wie einen Projekterfolg oder gute Zahlen, die man erarbeitet hat, die man gemeinsam feiern kann, was man dann eben nicht nur mit einer Kollegin, sondern auch mit einer Freundin tut. Aber gleichzeitig gibt es auch die Momente, die einem das Tandem-Leben schwerer machen. Gibt es zum Beispiel ein Konflikt-Thema, lässt sich das viel schwerer ansprechen bei einem Menschen, den man eben auch freundschaftlich sehr schätzt. Gerade wenn es um persönliche Verhaltensweisen oder Einstellungen geht, tut man sich deutlich schwerer, Kritik zu üben und auch auszuhalten. Und wenn es knirscht in so einem Tandem, dann tut es eben nicht nur ein bisschen, sondern richtig weh. Das ist natürlich kein Dauerzustand, aber dennoch gibt es hin und wieder Momente, in denen es sicher deutlich einfacher wäre, die Tandempartnerin nicht so sehr zu mögen, wie wir es tun.

Ihr habt bis zur Seite 171 gelesen – vielen Dank. Offenbar meint ihr es ernst und euch gefällt die Idee, im Jobsharing zu arbeiten. Wenn es einmal dazu kommt, wünschen wir euch sehr, dass ihr euch mit eurem Tandem-Partner auch privat gut versteht. Es ist kein Muss - aber der Kakao auf dem Cappuccino. Darum ist befreundet zu sein doch ziemlich cool im Jobsharing.

DREI BEISPIELE FÜR POSITIVEN IMPACT AUS DEM FREUNDINNEN-JOBSHARING-ALLTAG:

- ZUSAMMEN AUF DIENSTREISE FAHREN IST SCHON VIEL LUSTIGER, WENN MAN BEFREUNDET IST. (VOR ALLEM, WENN JEMAND GERN DIENSTREISEN ORGANISIERT – GRAZIE @LYDIA)
- BEIM WÖCHENTLICHEN UPDATE DER ANDEREN DEN LIEBLINGSKAFFEE MITBRINGEN, WEIL MAN WILL, DASS SIE SICH EINFACH NUR FREUT.
- IN DER KANTINE WEITSICHTIG DEN GEHEIMPLATZ SCOUTEN, UM IN DER MITTAGSPAUSE IN RUHE PRIVATE THEMEN ZU BESPRECHEN.

GIPFELTOUR:
FÜHREN IN TEILZEIT

WEDER MAKEL NOCH MUTTI-MODELL: WARUM ARBEITEN UND FÜHREN IN TEILZEIT KEINE KARRIEREKILLER SIND

Ein Prozent mehr an zufriedenen Mitarbeitern bedeutet 50 Millionen Euro mehr Gewinn.
CAWA YOUNOSI, SAP-PERSONALCHEF IN DEUTSCHLAND)[17]

Wer kennt diesen Moment nicht: Man will noch schnell den Kollegen etwas fragen und dann fällt einem ein, was der in seiner E-Mail-Signatur stehen hat: »Ich arbeite in Teilzeit und bin Montag bis Donnerstag von 9 bis 13 Uhr erreichbar.« Mann, und jetzt ist es gerade 13.15 Uhr. Dieses Bild beschreibt ziemlich genau die Grundhaltung vieler Menschen gegenüber dem Thema Teilzeitarbeit: Das sind doch die, die nie da sind, wenn man sie braucht. Klar, wenn jemand nicht immer erreichbar ist, ist das schon nervig. Und das dann auch noch in der Führung? Ein Leadership-Tandem in Teilzeit? Unmöglich!

Leider sitzen wir da komplett überkommenen Denkweisen auf, die längst wissenschaftlich widerlegt sind. Das beschreibt zum Beispiel Enzo Weber vom Nürnberger Institut für Arbeitsmarkt- und Berufsforschung (IAB).[18] Er weiß, dass viele der überholten Meinung sind, wer halb da ist, sei nur halb motiviert: »Wer Teilzeit arbeitet, sendet ein ganz bestimmtes Signal aus.« Und zwar kein positives: So wird es von vielen immer noch als eine Art Rückzug aus der Verantwortung empfunden, als Zeichen, dass »mit ihm nicht so richtig zu rechnen sei«.[19]

Ein Paper des IAB hält auch die weit verbreitete Meinung fest, dass gerade bei Führungspositionen »die Fülle der (...) Aufgaben eine Ausübung in Teilzeit« nicht zulasse.[20] Wer also nicht mindestens 40 Stunden die Woche am Schreibtisch sitzt, habe – so glauben immer noch viele – keine Chance auf beruflichen Aufstieg. Teilzeit gilt vielen als Karrierekiller.

Weiter gäbe es gerade unter Männern große Befürchtungen, den Teilzeit-Modus nicht mehr verlassen zu können. So, wie man es eben von den vielen Frauen kennt, die – einmal in Teilzeit – eine Vollzeitstelle nicht mehr antreten.[21] An die Teilzeitfalle schließe sich – so das verbreitete Vorurteil – damit oft die Rentenfalle an. Denn wer weniger verdient, erhält natürlich auch weniger Rente ausbezahlt. Ganz ehrlich, wer will bei diesem schlechten Image in Teilzeit arbeiten?

Menschen, die keine Vollzeitstelle haben, müssen also eine ganze Menge Vorbehalte ertragen. Vorbehalte, die sich in die Köpfe von uns allen eingegraben haben, die wir nun mal mit dem Bild von männlichen Managern aufgewachsen sind, die in 60-Stunden-Wochen oder mehr ein Firmenimperium leiten. Aber zum Glück fangen diese Bilder an zu bröckeln. Das liegt auch daran, dass immer mehr Firmen entdecken, dass sie ohne Teilzeitangebot einen großen Teil der talentierten Arbeitnehmer:innen vergraulen.

2018 boten in Deutschland knapp 92 Prozent der Unternehmen eine Teilzeitbeschäftigung an, Tendenz steigend: Es waren rund zwei Prozentpunkte mehr als noch drei Jahre zuvor. Gleichzeitig versuchen immer mehr Betriebe durch Gleitzeitmodelle, flexible Tages- oder Wochenarbeitszeiten, Vertrauensarbeitszeit und mobiles Arbeiten den Arbeitnehmern mehr Flexibilität anzubieten.[22] Dass Teilzeitarbeit möglich gemacht wird, liegt natürlich auch an den gesetzlichen Vorgaben: Das Teilzeit- und Befristungsgesetz (TzBfG) zwingt seit 2000 die Arbeitgeber, Teilzeit zu fördern. Dieser Teilzeitanspruch besteht nach der ausdrücklichen Regelung des Gesetzes auch für Arbeitnehmer in leitenden Positionen (§ 6 TzBfG). Somit kann der Arbeitgeber also den Wunsch nach Teilzeit nicht mit dem Argument ablehnen, dass es sich um eine Führungsaufgabe handele.

Die Arbeitgeber scheinen sich nur langsam neuen und flexibleren Führungsmodellen zu öffnen. Teilzeit wird möglich gemacht, aber Führen in Teilzeit wird nach wie vor eher skeptisch gesehen.

Das hat eine Studie des Personalvermittlers Robert Half von 2014 herausgefiltert: Deutsche Unternehmen waren damals gegenüber einem Topsharing zurückhaltend, weil 36 Prozent an eine »Ineffizienz im Hinblick auf die geschäftlichen Anforderungen« glaubten. Mehr als ein Viertel der Befragten hielten eine Zusammenarbeit im Team für unmöglich. Fast genauso viele glaubten, dass die physische Präsenz des Teamleaders erforderlich sei. Hier sind wir also wieder bei dem Gedanken des Bosses, der bis zum Schluss im Büro sitzt und erst richtig gut ist, wenn er derjenige ist, der dann auch das Licht ausmacht; also die Idee von der guten alten Präsenzarbeit. Fast jeder Fünfte hielt außerdem das Management von Jobsharing für zu kompliziert, und für zehn Prozent schien es aufgrund mangelnder Ressourcen für nicht praktikabel.[23]

Wirklich einleuchtend sind dabei vor allem die Argumente bezüglich einer zunächst erhöhten organisatorischen und finanziellen

Anstrengung: Denn natürlich entsteht ein höherer Aufwand, muss man zwei Mitarbeiter anwerben und einarbeiten und nicht nur einen. Weiter steigen auch die betrieblichen Zusatzleistungen wie für Sozialabgaben, Ausstattung im Büro, Fortbildungen oder Dienstreisen – und meist auch die Gehälter, weil eine geteilte Position eben oft nicht zweimal 50 Prozent bedeutet, sondern eher zweimal 60.

Dass die Vorteile des Jobsharing auf Führungsebene dennoch überwiegen, lässt sich in der britischen Studie »The Job Share Project« nachlesen. Ihr zufolge steigert Jobsharing die Produktivität von Führungskräften um circa 30 Prozent bei einem Topsharing-Tandem im Vergleich zu einer Vollzeitstelle. Auch hier war zunächst bei den Managern eine negative Haltung gegenüber dieser Arbeitsstruktur nachweisbar. Die schwand aber immer stärker, umso mehr die Manager selbst direkte Erfahrungen damit hatten. Die meisten hielten abschließend fest, dass der zusätzliche Aufwand, den diese Struktur einfordert, jeden Cent wert ist.

Auch in Deutschland wird der Ruf lauter, eine verantwortungsvolle Teilzeit-Führungsposition zu ermöglichen. So fordert zum Beispiel der Verband für Fach- und Führungskräfte (DFK) ein Umdenken in Unternehmen. Top-Kräfte sollten auch die Chance auf Teilzeit-Arbeit haben: »In Zeiten eines klaren Arbeitnehmermarktes müssen Unternehmen den Fach- und Führungskräften von morgen Vorteile bieten.«[24]

Das DAX-30-Softwareunternehmen SAP setzt das – wie bereits erwähnt – schon länger um: Seit Anfang 2018 ist jede Führungsrolle so ausgeschrieben, dass sie von zwei Mitarbeitern besetzt werden kann, die sich die Arbeit teilen. Das heißt auch, dass jede

Position in Führung sowohl in Teil- also auch in Vollzeit ausgefüllt werden kann. In welcher Form der Arbeitnehmer die Stelle konkret ausfüllen möchte, muss er in seiner Bewerbung nicht preisgeben. Allerdings bedeutet eine Führungsposition mindestens 75 Prozent, so die einzige Einschränkung. SAP handelt hier auch aus wirtschaftlichen Gründen: »Ein Prozent mehr an zufriedenen Mitarbeitern bedeutet 50 Millionen Euro mehr Gewinn«, so Cawa Younosi, SAP-Personalchef in Deutschland. Altruismus muss also nicht der Grund sein, um sich für neue Formen der Führung wie Jobsharing einzusetzen.

Die Förderung von Jobshares bei SAP hat noch weitere Effekte im Unternehmen: 42 Prozent aller Teilzeit-Führungskräfte sind mittlerweile Männer, Tendenz steigend. Und spätestens wenn Teilzeit auch ein Papi-Modell ist, sind wir da angekommen, wo wir hinwollen: Arbeitsmodelle, bei denen sich jeder je nach Lebensphase einbringen kann und die dennoch einen beruflichen Aufstieg ermöglichen.

Gerade das ist im Jobsharing möglich: Jobsharing erhöht die Chance auf Beförderung. Und damit wäre auch das Thema des geringeren Rentenniveaus abgemildert. Denn da es sich beim Jobsharing eher um hochqualifizierte Jobs handelt, steigt die Rentenberechnungsgrundlage auch mit weniger Arbeitsstunden und macht die Lücke zur Vollzeitbeschäftigung kleiner oder schließt sie sogar ganz.

INTERVIEW

THOMAS ANGERSTEIN UND CHRISTOF LIEBER: »DAS 400-PROZENT-TOPSHARE-TANDEM«

Thomas und Christof arbeiten in Vollzeit bei SAP und managen seit sechs Jahren zusammen ein Team von 50 Leuten. Ihre Abteilung »Mission Critical Support in Europa, Mittlerer Osten und Afrika« schreitet ein, wenn bei Unternehmen die Software aussetzt und Produktionsketten gefährdet sind.

Was sind die klassischen drei Vorurteile zum Jobsharing, die ihr zu hören bekommt?
Thomas: Was wir öfter zu hören bekommen haben ist zum einen: »Ihr könnt wohl nicht allein entscheiden?« Außerdem: »Das ist doch eigentlich was für Frauen in Teilzeit!« Und oft auch: »Jobsharing, das ist doch was für den administrativen Bereich.«

Und was sagt ihr dann?
Thomas: Dass es natürlich nicht so ist!

Wie kamt ihr denn zum Jobsharing?
Christof: Das Team unseres damaligen Chefs wuchs plötzlich ziemlich stark an – und es wurde eine Managementstruktur mit mehreren Managern eingeführt, die jeweils Teams zugeschrieben bekommen sollten. Wir haben uns jeweils auf eine Stelle beworben, diese bekommen und wurden dann sehr schnell gefragt, wie

wir denn das Team aufteilen wollen. Und da haben wir uns zusammengesetzt und gemerkt: Wir wollen das Team so lassen und das zusammen machen. Da war uns gar nicht bewusst, dass wir jetzt eigentlich Co-Leadership machen. Wir fanden das einfach logisch und gut. Interessanterweise kam dann die HR-Abteilung auf uns zu und meinte: »Hey, ihr macht ja eigentlich Co-Leadership!« Wir waren also – ohne es zu wissen – Vorreiter für Jobsharing.

Thomas: Das war auch sehr lustig, als wir bei SAP eine HeForShe-Kampagne von der UN hatten, zum Thema »Wie bekommt man mehr Frauen in die Führung?«. Wir hatten da eine schöne Vorstellungsrunde, da wurde erzählt von Jobsharing und Co-Leadership – und ich sagte nur so: »Äh, ich glaube, das machen wir schon …!«

Was sind denn für euch die Vorteile eures Co-Leaderships?

Christof: Für mich war es die erste Management-Position, da war ich 32. In einem kritischen Geschäft wie unserem wäre es eher unnatürlich gewesen, das einen 32-Jährigen allein machen zu lassen. Thomas bringt mehr Lebens- und Berufserfahrung mit, das war sicher ein Grund, uns das zusammen machen zu lassen.

Thomas: Ich bin einfach nur 15 Jahre älter, ganz simpel. (lacht)

Christof: Unser Co-Leadership hat sich auch sehr auf meine Sichtweisen ausgewirkt. Zum Beispiel: Wie stehe ich zu solchen Themen wie New Work trotz dieser ständigen Erreichbarkeit? Wie stehe ich zu mobilem Arbeiten bis hin zu »Unlearning Hierarchy«? Ich bin mir ganz sicher, dass das der Weg ist – den habe ich vorher nicht gesehen. Für mich ist das Co-Leadership ein Augenöffner für Flexibilisierung gewesen.

Thomas: Außerdem glaube ich, dass wir viel bessere Entscheidungen treffen. Vielleicht nicht schneller, auch nicht zwingend langsamer – aber besser.

Ich war schon vorher Manager, und wenn ich mich jetzt rückblickend frage, waren die Entscheidungen besser? Valider? Nee, waren sie nicht. Ich habe so viel mit Bauchgefühl gemacht – und das war manchmal nicht toll für das Team, nicht toll für das Unternehmen, für mich am Ende vielleicht auch nicht. Wir können uns das alles aufteilen und einteilen. Je länger man im Jobsharing arbeitet, desto mehr Vertrauen kommt auch. Und wir haben festgestellt, wir würden nicht immer die haargenau gleiche Entscheidung treffen, aber es ist auch nicht weit weg voneinander, und durchdachter und besser am Ende. Das kommt eben aus zwei Richtungen, und das kann super befruchtend sein.

Christof: Und ergänzend zum Thema »allein arbeiten«– unser Co-Leadership könnte einer allein tatsächlich nicht machen. Wir haben um die 50 Leute, das schafft einer nicht. Wenn dieser Bereich nur einen Manager hätte, bräuchte es eine Managerstruktur darunter. Und diese Manager wären nicht auf Augenhöhe, die hätten Abstimmungsaufwand und eine Unterteilung der Themen, und die Leute wären mental weiter voneinander entfernt. Darauf können wir verzichten, weil wir eben auf Augenhöhe sind und mental beieinander. Das spart am Ende sogar Personal. Wenn man das rein finanziell betrachtet, das ist zwar schwer beweisbar, aber ich bin fest davon überzeugt, dass Co-Leadership kostenneutral ist und im besten Fall sogar günstiger. Und wenn man dann die besseren Entscheidungen mit kürzeren Entscheidungswegen mit dem gewissen finanziellen Wert dazurechnet, dann ist das noch mal eine ganz andere Kiste! Kurzum: Jobsharing ist nicht nur ein Flexibilisierungs-Modell, das vielleicht Teilzeitmodelle ermöglicht, sondern viel mehr als das. Und aus meiner Sicht voll gerechtfertigt.

Könnt ihr euch überhaupt noch was anderes vorstellen? Job-sharing forever?

Christof: Das ist eine sehr große Frage, fast multidimensional. Wenn ich sie oberflächlich beantworten würde, würde ich sagen: Ja, zu 100 Prozent. Auch weil es menschlich so gut passt bei uns. Jetzt bin ich aber Ende 30 und habe noch einen etwas längeren Weg vor mir – der Thomas ist da ja schon ein bisschen weiter. Und ich weiß nicht, ob es momentan für die Karriere optimal ist, wenn man als Teil eines Tandems gesehen wird. In einem New-Work-Environment dürfte das keine Rolle spielen. Ich glaube aber, dass die Arbeitswelt da draußen, so wie sie gerade ist, noch nicht an diesem Punkt ist. Ich fände es aber schön, wenn wir in ein New-Work-Environment kommen, in dem solche Dinge keine Rolle spielen, beziehungsweise sogar als Vorteil gewertet werden.

Thomas: Klar, ich bin schon etwas älter, habe auch Familie und einen 10-jährigen Sohn. Das Konzept passt mir so gut rein in mein Leben! Früher, als Einzelmanager, hätte ich meine Familie und den Job nicht so gut vereinbaren können. Jetzt kann ich das ganz einfach verbinden. Und das ist mir so wichtig und gibt mir Entspannung für die Arbeit, die ich sonst nicht hätte. Eine 60-70-80-Stunden-Woche war für mich normal, das wollte ich nicht auf Dauer. Da gehen ja auch Qualitätseinbußen mit einher, und wir sind jetzt flexibler. Das geht. Wir haben bei SAP in Deutschland mittlerweile über 30 Tandems, in sämtlichen Arten der Zusammensetzung. In Vollzeit, in Teilzeit, viele Modelle sind da möglich.

Wie viel Prozent seid ihr denn zusammen?

Thomas: 400 Prozent, ich komme mit Mathe nicht so gut klar.

Christof: Trotz Mathe-LK muss ich sagen: 1 + 1 = 3 ... Durch die Synergieeffekte kommt man schon auf mehr als 200 Prozent. Wir müssen manchmal auch aufpassen, dass wir unser Team mit den vielen Ideen, die durch die Doppelbesetzung entstehen, nicht überfordern.

Hättet ihr denn ein Problem, wenn der eine plötzlich der Chef vom anderen werden würde?

Christof: Nein, überhaupt nicht.

Thomas: Ich hätte auch kein Problem. Wir sind da nicht mit Ellenbogen unterwegs.

Seid ihr so geworden, wart ihr mal Alphatiere?

Thomas: Ich glaube nicht, dass wir beide KEINE Alphatiere sind. Und das ist das Putzige daran, viele denken ja nicht, dass solche Leute gut zusammenarbeiten können. Aber Christof und ich sehen eben an bestimmten Stellen, WIE das funktionieren kann. Und wie wir persönlich miteinander klarkommen, dass es trotzdem – bei jeder Alphageschichte – sinnvoll sein kann, mal den ein oder anderen Schritt zurückzutreten.

Christof: So ganz ohne Alpha-Gen hätten wir uns ja damals nicht auf eine Manager-Stelle beworben – wir wollten ja mehr Verantwortung. Ich finde es total interessant, da in die Selbstreflexion zu gehen. Ich würde es so formulieren: Ich kann ein Alphatier sein, wenn ich muss, aber bin es von Haus aus eher nicht. Ich bin viel mehr Teamplayer als Alphatier.

Thomas: Das ist ja auch der nette Effekt von diesen Doppelbesetzungen. Es hat uns bisher noch nie jemand gefragt, wer von uns eigentlich im sogenannten »Lead« sei. Früher, da war das so, da hat der geneigte Escalation-Manager gesagt, du darfst keinen Escalation-Manager neben mir haben. Heute macht man solche Doppelbesetzungen, und da kommt nicht mehr die Frage, wer da eigentlich im Lead ist. Früher hatte man all diese Einzelmenschen, die Themen beackert haben, und wir waren und sind hoffentlich so ein bisschen die Influencer dafür, dass man das eben auch anders machen kann.

Wie teilt ihr euch auf?

Christof: Das große Spannungsfeld des Co-Leadership-Daseins! Wir könnten uns den ganzen Tag in die gleichen Meetings hocken, hätten dann den großen Vorteil auf der Seite der guten Entscheidungen, weil extrem gut abgestimmt, weil wir den ganzen Tag genau das Gleiche machen, oder wir machen auf der anderen Seite nie was zusammen und multiplizieren unsere Verfügbarkeit fürs Team und die Themen, – beide Varianten funktionieren natürlich nicht.

Thomas: Da muss man das gesunde Mittelmaß finden – was macht man gemeinsam und was macht man getrennt. Wir setzen uns inhaltlich mit der Aufgabe auseinander, und wir machen das, was sinnvoll ist. Da fahren wir in Mittel- und Langfrist sehr gut.

Christof: Es gibt ein paar Fokusthemen, zum Beispiel ein technisches Tool, um das sich vornehmlich Thomas kümmert. Wir haben auch unsere Spezialkunden, die traditionell eher einem von uns zugeordnet sind. Aber es ist nicht so, dass wir eine ganz strikte Trennung der Themen haben oder wollen. Was wir tatsächlich getrennt machen, sind die Mitarbeitergespräche. Auch aus Effizienzgründen. Gerade wenn es um persönliche Themen geht, macht es schon einen größeren Unterschied, ob zwei oder drei Leute im Raum sind.

Was sind eure Tricks, das Jobsharing gut hinzukriegen?

Christof: Das sind zwei Dinge auf hoher Ebene. Erstens: Persönlich muss es passen. Zweitens: extreme Abstimmung. Speziell am Anfang, damit man nah beieinander ist – in Entscheidungen und wie man über Dinge denkt. Das heißt, extrem viel reden. Das spielt sich auch ein, jetzt brauchen wir weniger Abstimmung als vor sechs Jahren. Wir haben mittlerweile ein ziemlich gutes Gefühl für unseren Management-Kompromiss.

Thomas. Das Geheimnis ist, keine Geheimnisse zu haben. Wir versuchen, uns da nicht gegenseitig das Licht wegzunehmen. Es geht darum, zusammen zu scheinen. Mit Offenheit reinzugehen, und auch wenn man mal unterschiedlicher Meinung ist, das dann auf den Tisch zu legen. Ohne Geheimniskrämerei, ohne politische Geschichten, was man ja häufig bei anderen Managern sieht, die über die Machtposition versuchen, die Rolle da auf Gedeih und Verderb zu behalten.

Wie ähnlich oder gegensätzlich muss man denn sein für ein Tandem?

Thomas: Ich glaube, dass eine gewisse Gleichgepoltheit besser ist fürs Tandem als Gegensätze. Ich halte nichts von »Gegensätze ziehen sich an«.

Christof: Ich würde auch sagen, wir sind uns eher ähnlich, also auch was Werte, Einstellungen und Hobbies betrifft. Rieseneinschränkung: Beim Musikgeschmack liegen wir diametral auseinander! (lacht) Und die zwischenmenschliche Ebene des Humors ist auch besonders wichtig.

Aber ganz genau gleich seid ihr ja auch nicht?

Thomas: Christof ist eloquenter, der hat politischen Hintergrund, ich bin manchmal platter und direkter. Ist das negativ? Nein, gerade wenn man das alte Good Cop, Bad Cop spielt, und wir drehen das auf einmal um, weil die Leute den Bad Cop eher von mir erwarten als von ihm, dann sind die Überraschungseffekte da und alle denken: »Ha, so geht das auch!« Und das ist so, weil wir uns eben nicht so sehr unterscheiden, weil wir eben das gleiche Mindset haben, die gleiche Offenheit pflegen, und darüber das Ganze so spielerisch nehmen können.

Was sind eure Wünsche für die Zukunft von Jobsharing?

Thomas: Man braucht natürlich Quoten und Formalismen, um so was in Fahrt zu bringen. Ich habe die Vision, dass sich die Flexibilisierung irgendwann selber einpendelt und findet. Das wäre toll. Das sieht man ja auch an Stellen, wo Tandems schon lange funktionieren, oder auch da, wo es nicht funktioniert. Wenn man nicht mehr alles mit Stellenausschreibungen erzwingen muss.

Christof: Co-Leadership-Förderprogramme haben sicher Wirkung, aber muss man Jobsharing überhaupt so überformalisieren? Wenn sich die Managementstrukturen von allein finden würden, das könnten ja auch drei Personen sein, dann wäre das schön. Wir sind ja ein Beispiel für »organisch gefunden«, aus einer Situation heraus, die fast keinen anderen Schluss zugelassen hat als Co-Leadership. Wenn wir damals zum Management gelaufen wären und vorgeschlagen hätten: »Hey, wir würden das gern zusammenlegen«, wäre das deutlich schwieriger gewesen als dieses organische Finden. Wenn wir da hinkommen könnten, dass diese flexiblen Modelle selbstverständlich werden und die Leute sich selber zusammenfinden könnten, wäre das super.

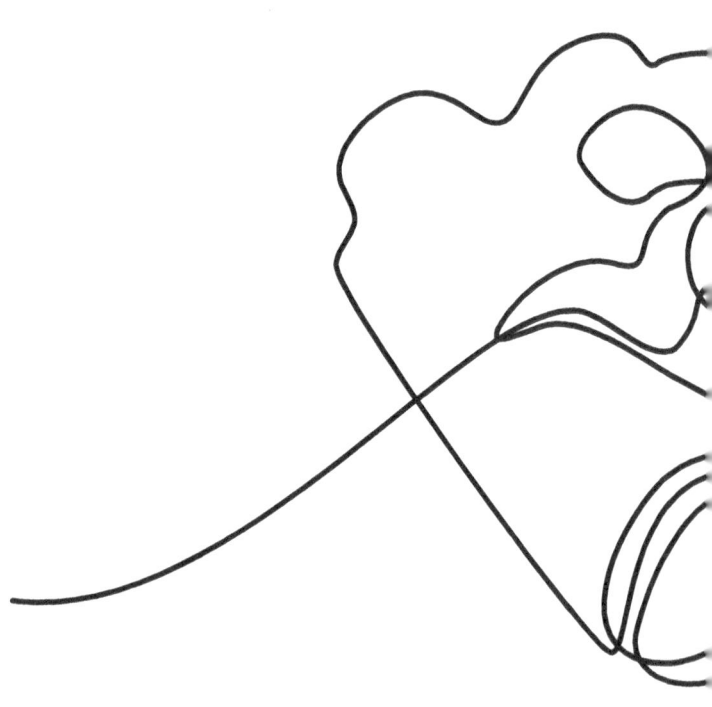

TOLLE AUSSICHTEN

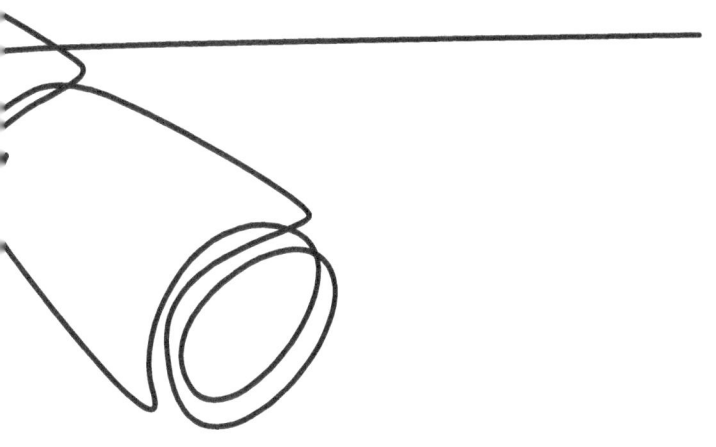

Auf unserer Reise Richtung Jobsharing und neue Arbeit geht es auch immer darum, sich gelegentlich von seinem Platz zu erheben und mal aus einer anderen Richtung auf eine Situation zu schauen. Deshalb wollten wir auch hier nicht nur von unserer Sicht auf die Dinge schreiben, sondern Menschen, mit denen wir zusammenarbeiten, die Möglichkeit geben, ihre Sicht auf uns Jobsharende loszuwerden. Welche Erfahrungen haben Kolleginnen und Kollegen mit uns gemacht? Dass sie uns auf diese Frage gleich so viel Love geschickt haben, freut uns natürlich ungemein.

»Der Bayerische Rundfunk hat 2015 die Funktion des ›Digitalexperten‹ eingeführt als zentrale Schlüsselfunktion zur stärkeren digitalen Ausrichtung der Programmbereiche, eine wichtige Aufgabe. Und dann standen da plötzlich Rebecca und Lydia und meinten, sie könnten sich die Position doch teilen – eine interessante und tolle Idee! Sie haben das gut begründet und überzeugende Argumente gehabt. Also haben wir das ausprobiert. Jetzt – fünf Jahre später – kann ich nur sagen: Das Modell ist ein voller Erfolg! Lydecca ist bei allen akzeptiert, der Programmbereich hat sich digital hervorragend aufgestellt. Lydecca ist ein Vorbild innerhalb des Programmbereichs und des BR.« (Bettina Ricklefs, unsere Chefin, Programmbereichsleiterin Spiel-Film-Serie, Bayerischer Rundfunk)

»Wir stehen mit unserem Team auf zwei Beinen: Lydecca. Und tatsächlich ist alles damit ein klein bisschen besser ausbalanciert, denn obwohl die beiden natürlich immer an einem Strang ziehen, ist es doch manchmal gut, zwei Perspektiven zu haben. Wichtig ist: Es darf kein Blatt zwischen die beiden passen, und so ist das auch! Okay, die Kommunikationswege sind hin und wieder etwas länger, der Abstimmungsaufwand vielleicht höher. Und das nicht,

weil man immer mit ›beiden‹ reden müsste, sondern einfach nur, weil nicht jede jeden Tag am Platz ist. Aber mal ehrlich: Läuft das bei Solo-Teamleads per se besser? Nach meiner Erfahrung nicht – obwohl die es doch eigentlich leichter haben müssten.«
(M.W., Digital Producer und Autor)

»Es ist erstaunlich, wie gut das funktioniert mit zwei Chefinnen auf einer Position. Anfängliche Skepsis meinerseits wurde schnell über Bord geworfen. Aufgrund der vielfältigen Projekte, die zu betreuen sind von Film Digital, ist für mich das Wichtigste, immer eine klare Ansprechpartnerin zu haben für das jeweilige Projekt – da hat es noch nie Probleme oder Unstimmigkeiten gegeben. Bisweilen vermute ich, dass die beiden nachts ihre Gehirne gleichschalten für ihre Übergaben, da ich als Mitarbeiterin davon weder etwas mitkriege noch negativ zu spüren bekomme.«
(M.M., Digitalredaktion)

»Wenn ich anderen erzähle, dass ich zwei Vorgesetzte habe, dann stoße ich oft auf erstaunte und fast ungläubige Blicke, auf die ein ›Wie geht das denn?‹ folgt. Ja, wie geht das denn? Ich kann nur sagen: Es geht! Nach anfänglichem Einruckeln läuft es sogar sehr, sehr gut. Wichtig war hier eine Trennung der Aufgabenbereiche bzw. strikte Einteilung, wer für wen ›zuständig‹ ist, denn das ist auch für uns sehr wichtig. Zu wissen, an wen wir uns zu wenden haben. In der Praxis schaut es dann so aus, dass ich in den meisten Fällen nur mit einem Teil des Tandems zu tun habe. Das komplette Tandem erlebe ich bei Sitzungen, Teamtagen, Veranstaltungen – und da spürt man immer, dass dieses Tandem im Gleichklang funktioniert, harmoniert und sich gegenseitig großen Respekt zollt. Eine perfekte, das Team bereichernde Symbiose.«
(V.B., Digitalredaktion)

»Für mich war es verblüffend, wie gut die beiden synchronisiert sind. Ich musste bisweilen aufpassen, sie als zwei eigenständige Personen wahrzunehmen. Erst mit längerer Zeit der Zusammenarbeit habe ich bemerkt, dass sie die jeweiligen Stärken der einzelnen auch gezielt einsetzen. Bis dahin dachte ich, da können beide alles.«
(N.B., Moderator)

»›Lydecca‹ – das ist der Inbegriff für ein Tandem, das nie aus dem Tritt kommt und immer mit einem Lächeln in die Pedale tritt! Ob bei den Digitalexpert:innen oder projektbezogen, die Zusammenarbeit läuft immer wie frisch geölt.«
(U.H., Digitaljournalistin)

»Wenn du deinen Chef magst, hättest du doch am liebsten zwei davon, oder?«
(J.M., Cutter und Autor)

SCHLUSSWORT

Ein kluger Mann hat mal gesagt: »Eine Reise ist immer auch eine Reise zu sich selbst.« Genau so geht es uns mit der Reise ins Job-sharing-Land. Wir haben so viel über uns selbst lernen können: Wieso triggern bestimmte Themen? Was tangiert uns gar nicht? Ist die Art, in der ich schon immer bestimmte Dinge getan habe, eigentlich die richtige? Oder gibt es eigentlich nicht effizientere oder einfachere Wege zum Ziel? Was will ich? Und was ist mir wirklich wichtig?

Unser Reiseführer auf den Kontinent New Work hat hoffentlich genau solche Fragen aufgeworfen. Und – das tun ja gute Tra-velbooks – Lust gemacht, selbst aufzubrechen und bisher un-bekanntes Land zu betreten. Natürlich ist Reisen nicht immer nur lustig: An manchen Orten muss man sich mit fiesen Anti-Mücken-Spray-Chemiekeulen einsprayen, um kein Malaria zu bekommen. An anderen ist die Luftfeuchtigkeit so hoch, dass man bei der kleinsten Bewegung anfängt zu schwitzen. Oder die Bakterien in Essen und Wasser sind so aggressiv, dass man eigent-lich die ganze Zeit Bauchschmerzen hat. Sprich: Reisen besteht nicht zu 100 Prozent aus Spaß, aber egal, was man wo erlebt, man nimmt etwas mit. Deshalb unsere herzliche Einladung, einfach aufzubrechen, neugierig zu sein und sich tragen zu lassen von den ungewohnten Arbeitsstrukturen in Tandem-Country.

Aber wie geht es weiter? Wie lange macht man eigentlich Job-sharing gemeinsam? Wir sind jetzt mehr als fünf Jahre ein happy Couple und können uns gerade nicht vorstellen, uns zu trennen. Aber was ist in fünf oder zehn Jahren? Was passiert, wenn eine vielleicht mal für einige Zeit ins Ausland geht? Würde man so ein Konstrukt – also eine arbeitet von einem anderen Land aus – durchhalten? Wie sehr klebt man eigentlich an der anderen? Und wie sehr darf oder muss man seine Karriere auch allein weiter-denken?

Mit all diesen Fragen im Gepäck, auf die wir die Antworten noch nicht immer kennen, reisen auch wir weiter. Dankbar dafür, dass wir nicht allein im Hotel einchecken müssen, eine von uns immer die Sprache des Reiselandes kann und wir so mit Style den Ape-ritif bestellen können. Dankbar für die Reisebuddy, die im klei-nen Notfall die Aspirin dabei hat oder im großen Notfall die an-dere auffängt, wenn der Kreislauf zusammenklappt. Mit der gemeinsam die Reiseroute entsteht, sodass man vielleicht nicht den indischen Tempel zu sehen bekommt, weil eine darauf keine Lust hat, dafür aber zufällig rosa Flussdelfine entdeckt. Denn sol-ches gemeinsames, Kraft gebendes Reisen, also Arbeiten, wün-schen wir nicht nur uns, sondern uns allen. Weil wir fest daran glauben, dass es uns allen besser geht, wenn wir uns nicht ganz allein auf den Weg machen. Deshalb: Los geht's mit dem Sha-ring! Denn geteilte Arbeit bedeutet schlicht und einfach doppelt durchstarten.

DANKSAGUNG

Wir danken von ganzem Herzen unseren beiden großartigen Männern Andreas und Martin. Die zwei haben dieses Buch nicht nur als kritische und kluge Ideengeber und Korrekturleser vorangebracht, sondern sich auch viel um die Kinder gekümmert, damit es überhaupt möglich war, es zu schreiben. Ihr seid einfach der Wahnsinn.

Natürlich danken wir auch unseren starken Müttern: Mama Weiss und Mama Leipert, die immer für uns da sind, die besten Kinderbetreuerinnen der Welt und große Vorbilder für uns beide. Und natürlich den geliebten Papas, die immer an uns glauben. So wichtig für uns als Familien sind auch die Schwiegereltern Zöller und Dimmling – ohne die ginge es sowieso nicht, genau so wenig wie ohne Carlo, Luisa, Quirin und Clara, die tollsten Kinder der Welt. Danke für euer Verständnis, dass dieses Buch (Carlo: »Ich dachte, das ist längst fertig.«) zu Ende geschrieben werden sollte.

Wir beide danken Bettina Ricklefs und dem Bayerischen Rundfunk, dass er uns diesen Job machen lässt, insbesondere aber unserem Team, das mit uns durch dick und dünn geht und unsere verrückten Ideen tapfer erträgt. Danke an all die lieben Menschen, die uns mit Tipps, Ideen und Outfit-Vorschlägen (Marie) gefüttert haben, we love you!

Danke an unsere erste Coachin Heidelinde Kablitz, die uns auf die Idee gebracht hat, das Thema Jobsharing zu promoten.

Und wir danken Stefan und Christiane, die uns stets in ihre Ferienwohnung am Starnberger See gelassen haben, wenn wir eine Buch-Klausur gebraucht haben. Großes Kino.

Danke an alle, die uns so großartige Interviews gegeben haben, an Julia Bradley für die tollen Fotos und an die kluge Hanne Reinhardt für das Lektorat. Wie großartig zwei weibliche Verlegerinnen sein können, durften wir mit Verena Schörner und Julia Loschelder erleben. Mit diesen tollen Buchladys arbeiten zu dürfen war reine Freude. Danke an das gesamte coole Team von Komplett Media für den Support rund um das Buch.

Rebecca dankt außerdem Lydia und Lydia dankt Rebecca. Für all die Liebe, die in dieses Buch, in gebratenen Fisch und die Berger Leergutcontainer geflossen ist, während dieses Buch geschrieben wurde. Doppelt hält einfach besser.

Interviews geführt in Stunden:

22

Gemeinsam in Schreibklausuren
gewesen in Tagen:

12

Feierabend-Prosecco getrunken in Flaschen:

28

Saibling gegessen in Fischen:

10

AUTORENVITA LYDECCA

Lydia Leipert und Rebecca Zöller (beide Jahrgang 1980) sind das Jobsharing-Tandem Lydecca. (Es gibt sogar eine gemeinsame BR-E-Mail-Adresse für Lydecca Zoelpert).

Lydia Leipert (Historikerin und Absolventin der Berliner Journalistenschule) und Rebecca Zöller (Germanistin und Kunsthistorikerin) haben im In- und Ausland in Print, Radio, TV und Online gearbeitet, bevor sie sich beim BR-Jugendmagazin on3-Südwild kennen und schätzen lernten. Seit 2017 arbeiten sie gemeinsam als Teamlead im Digitalbereich des Bayerischen Rundfunks. Dort sind sie mit ihrer zehnköpfigen Einheit für alle Online-Ausspielwege bei Serien, Spiel - und Dokumentarfilmen verantwortlich.

Frei nach dem Motto: ein Job, zwei Frauen, vier Kinder.

ANMERKUNGEN

MACH DICH AUF DIE REISE

1. (BMFSFJ – Unternehmensmonitor Familienfreundlichkeit 2019, S. 23.) Dieser Befund bezieht sich auf Unternehmen in Deutschland mit mindestens fünf sozialversicherungspflichtig Beschäftigten und basiert auf einer Befragung von Personalverantwortlichen im Rahmen des Unternehmensmonitors Familienfreundlichkeit.

WILLKOMMEN AUF DEM KONTINENT NEW WORK

2. Zitiert nach Wikipedia: https://de.wikipedia.org/wiki/Frithjof_Bergmann#Thesen; 23.12.2021.

3. Zum besseren Verständnis werden wir im Buch dennoch den technischen Begriff »Teilzeit« verwenden, aber »vereinbarte Zeit« finden wir in der Alltagssprache besser.

REISEATLAS: JOBSHARING

4. Funfact: Das Wort »tandem« stammt aus dem Lateinischen und bedeutet »zu guter Letzt«, was im Mittelalter umgedeutet wurde in »hintereinander«, was dann schließlich dem Zweisitzer-Fahrrad seinen Namen gab.

5. Nicht umsonst sagen wir hier »One-Man«. ;-)

6. https://www.tandemploy.com/de/blog/pairing-splitting-hybrid-pure-verschiedene-formen-des-jobsharings/; aufgerufen am 13.5.21.

7. https://jobsharing-hub.de/jobsharingmodelle/; aufgerufen am 26.6.2021.

8. Franziska Cooiman, Martin Krzywdzinski, Svenja Christen: »Ich arbeite ganz anders und besser als früher. Praxis und Potentiale von Jobsharing in Unternehmen«, S. 27.

9. Ebd. S. 29.

10. Ein Erklärvideo zum Tandembility-Test vom Jobsharing Hub findet man auch auf Youtube.

DIE RICHTIGE AUSRÜSTUNG: VORAUSSETZUNGEN FÜR JOBSHARING

11. Berühmter Kommunikationspsychologe sowie Gründer des Schulz von Thun Instituts für Kommunikation

12. Österreichischer Philosoph und Kommunikationswissenschaftler (1921-2007)

13. Zitiert nach: »Wir brauchen Menschen mit Mut und Visionen«, Frankfurter Allgemeine Zeitung, 16.2.2019, S. 22.

SONNE, MEER UND BERGE: ALLES BEKOMMEN DURCH JOBSHARING

14. https://www.destatis.de/DE/Themen/Arbeit/Arbeitsmarkt/Qualitaet-Arbeit/Dimension-2/urlaubsanspruchl.html#:~:text=%C3%9Cber%20alle%20Besch%C3%A4ftigungsverh%C3%A4ltnisse%20%2D%20unabh%C3%A4ngig%20von,Urlaubsanspruch%20von%20mindestens%2028%20%20Tagen; aufgerufen am 13.12.2021.

15. Traumpaar gesucht: Jobsharing bleibt ein Randphänomen, Annika Grah, dpa 25.02.2019.

16. Jobshare Research Studie https://thejobshareproject.com/3434hjkv97fgb378fbv/jobsharefullreport.pdf S.23, 01.04.2021.

GIPFELTOR: FÜHREN IN TEILZEIT

17. Teilzeit ist auch für Führungskräfte möglich, Helen Hoffmann, dpa, 26.02.2021.

18. Männer, macht mal Teilzeit!, Inge Kloepfer, FAZ-Sonntagszeitung / Frankfurter Allgemeine Sonntagszeitung, So 03.03.2019.

19. Ebd.

20. Lutz Bellmann: https://www.iab-forum.de/warum-jobsharing-mehr-chancen-als-risiken-bietet/, 22.04.2021.

21. Männer, macht mal Teilzeit!, Inge Kloepfer, FAZ-Sonntagszeitung / Frankfurter Allgemeine Sonntagszeitung, 03.03.2019.

22. Unternehmensmonitor Familienfreundlichkeit 2019, https://ddei5-0-ctp.trendmicro.com:443/wis/clicktime/v1/query?url=https%3a%2f%2fwww.iwkoeln.de%2ffileadmin%2fuser%5fupload%2fStudien%2fGutachten%2fPDF%2f2019%2fUnternehmensmonitor%5fFamilienfreundlichkeit%5f2019.pdf&umid=8B7D45AA-D189-8E05-9153-F722D7676618&auth=b01c1f5e5a62d28aefe2ac5e-71c697a02285f9a8-75ce586ce1a851524411c2db3e92977c7ccd1c73, 23.04.2021.

23. 2014: Studie Beratungsunternehmer Robert Half. https://www.robert-half.de/presse/jobsharing-deutschland-europa-schlusslicht

24. Teilzeit ist auch für Führungskräfte möglich, Helen Hoffmann, dpa, 26.02.2021